Michael Junga

Partnerhefte: Lernen (auch) zu zweit:

Kopfrechnen in Freiarbeit
Übungen zum kleinen 1·1

Für clevere Rechenkinder
in der 2. und 3. Klasse

Kopiervorlagen mit Lösungen

Gedruckt auf umweltbewusst gefertigtem, chlorfrei gebleichtem
und alterungsbeständigem Papier.

1. Auflage 2013
Nach den seit 2006 amtlich gültigen Regelungen der deutschen Rechtschreibung
© by Brigg Pädagogik Verlag GmbH, Augsburg
Alle Rechte vorbehalten.
Das Werk und seine Teile sind urheberrechtlich geschützt. Jede Nutzung in anderen als den
gesetzlich zugelassenen Fällen bedarf der vorherigen schriftlichen Einwilligung des Verlages.
Hinweis zu § 52a UrhG: Weder das Werk noch seine Teile dürfen ohne eine solche Einwilligung
eingescannt und in ein Netzwerk eingestellt werden. Dies gilt auch für Intranets von Schulen
und sonstigen Bildungseinrichtungen.

ISBN 978-3-87101-888-6   www.brigg-paedagogik.de

Partnerhefte kleines 1·1

Inhaltsverzeichnis

Vorwort	5
Faltplan zum Aufgabenbüchlein	6
Übungen zum Einmaleins der 2 - Heft 1	7
Übungen zum Einmaleins der 2 - Heft 2	8
Übungen zum Einmaleins der 2 - Heft 3	9
Übungen zum Einmaleins der 2 - Heft 4	10
Übungen zum Einmaleins der 3 - Heft 1	11
Übungen zum Einmaleins der 3 - Heft 2	12
Übungen zum Einmaleins der 3 - Heft 3	13
Übungen zum Einmaleins der 3 - Heft 4	14
Übungen zum Einmaleins der 4 - Heft 1	15
Übungen zum Einmaleins der 4 - Heft 2	16
Übungen zum Einmaleins der 4 - Heft 3	17
Übungen zum Einmaleins der 4 - Heft 4	18
Übungen zum Einmaleins der 5 - Heft 1	19
Übungen zum Einmaleins der 5 - Heft 2	20
Übungen zum Einmaleins der 5 - Heft 3	21
Übungen zum Einmaleins der 5 - Heft 4	22
Übungen zum Einmaleins der 6 - Heft 1	23
Übungen zum Einmaleins der 6 - Heft 2	24
Übungen zum Einmaleins der 6 - Heft 3	25
Übungen zum Einmaleins der 6 - Heft 4	26
Übungen zum Einmaleins der 7 - Heft 1	27
Übungen zum Einmaleins der 7 - Heft 2	28
Übungen zum Einmaleins der 7 - Heft 3	29
Übungen zum Einmaleins der 7 - Heft 4	30
Übungen zum Einmaleins der 8 - Heft 1	31
Übungen zum Einmaleins der 8 - Heft 2	32
Übungen zum Einmaleins der 8 - Heft 3	33
Übungen zum Einmaleins der 8 - Heft 4	34
Übungen zum Einmaleins der 9 - Heft 1	35
Übungen zum Einmaleins der 9 - Heft 2	36
Übungen zum Einmaleins der 9 - Heft 3	37
Übungen zum Einmaleins der 9 - Heft 4	38
Gemischte Einmaleinsaufgaben 1 - Heft 1	39
Gemischte Einmaleinsaufgaben 1 - Heft 2	40
Gemischte Einmaleinsaufgaben 1 - Heft 3	41
Gemischte Einmaleinsaufgaben 1 - Heft 4	42
Gemischte Einmaleinsaufgaben 2 - Heft 1	43
Gemischte Einmaleinsaufgaben 2 - Heft 2	44
Gemischte Einmaleinsaufgaben 2 - Heft 3	45
Gemischte Einmaleinsaufgaben 2 - Heft 4	46

Partnerhefte kleines 1·1

Partnerhefte kleines 1·1

Inhalt / Vorwort

Zielgruppe
Grundschule: 2. Klasse - 3. Klasse
Förderschule: 3. Klasse - 6. Klasse

Förderschwerpunkt
Mathematisches Denktraining

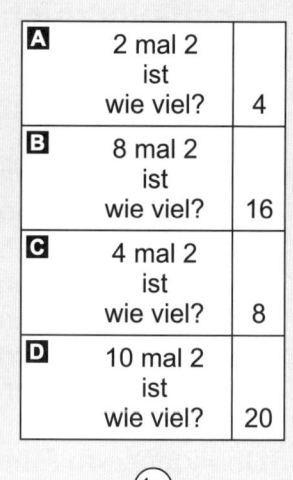

Aufgabe
Die Kinder stellen sich ihre Partnerhefte selbst her. Jedes Heft enthält jeweils zwei Aufgabenblöcke mit elf bzw. zwölf Einzelaufgaben. Jeweils zwei Kinder fragen sich nacheinander ab, indem das erste Kind die Einzelaufgaben des Heftteils A vorliest und das zweite Kind sie mündlich beantwortet. Anschließend wird dann gewechselt, indem das zweite Kind die Aufgaben aus Heftteil B vorliest.

Alternative
Jedes der beiden Kinder hat das gleiche Partnerheft zur Hand. Sie fragen sich gegenseitig ab, indem Kind 1 den Heftteil A verwendet und Kind 2 den Heftteil B. Anschließend werden die Heftteile gewechselt: Kind 1 liest dann die Aufgaben aus Heftteil B vor und Kind 2 die aus Heftteil A.

Mathematischer Inhalt
Die Übungsvorlagen enthalten Kopfrechenaufgaben zum kleinen 1·1 in unterschiedlichen Aufgabenformen.

Nutzen
Die Kinder stärken ihre mathematische Denk- und Kombinationsfähigkeit sowie ihre soziale Kompetenz.

Materialumfang
1 Informationsblatt,
1 Faltplan zur Herstellung der Partnerhefte,
40 Partnerhefte mit integrierten Lösungen

Faltplan für die Partnerhefte
Den detaillierten Faltplan für die Partnerhefte entnehmen Sie bitte der folgenden Seite.

Partnerhefte kleines 1·1

Faltplan für die Aufgabenbüchlein
Die bedruckte Seite des Blattes wird auf den Tisch gelegt (1). Das Blatt wird einmal längs gefaltet (2), dann wieder aufgeklappt (3) und einmal quer gefaltet (4). Anschließend wird das Blatt zweimal an der Rückseite quer gefaltet (5 und 6). Danach wird mit einer Schere ein Schnitt von genau einer Feldbreite ausgeführt (7). Schließlich wird das Blatt an dieser Schnittkante auseinander gebogen, zusammengeschoben (8) und die einzelnen Seiten zu einem Aufgabenbüchlein umgeklappt (9).

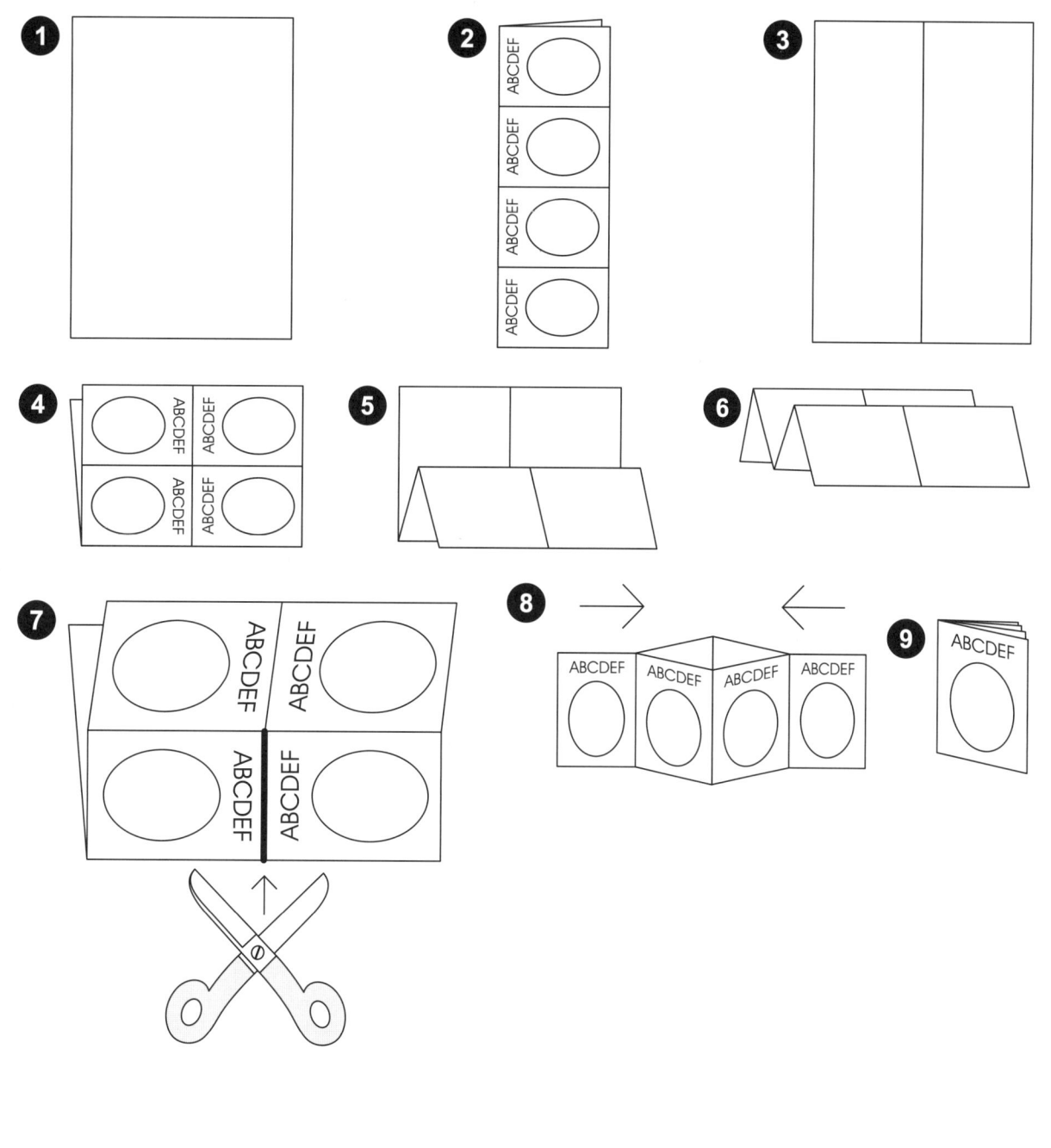

A

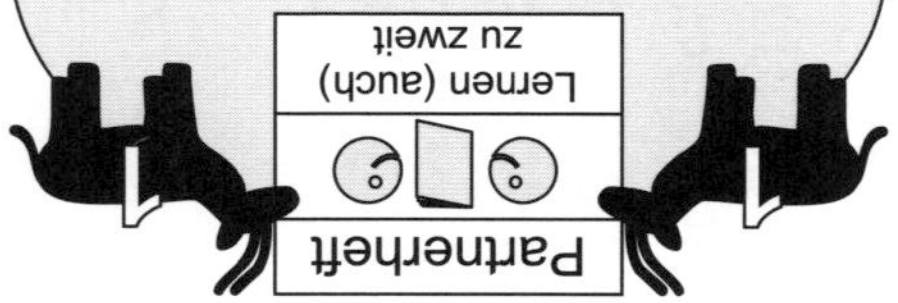

Übungen zum Einmaleins der 2
Heft 1

Lies deinem Partner / deiner Partnerin die elf Aufgaben auf den folgenden drei Seiten vor und überprüfe, ob seine / ihre Antworten richtig sind. Drehe anschließend das Heft um und lass dir dann von deinem Partner / deiner Partnerin die anderen elf Aufgaben vorlesen.

Partnerheft — Lernen (auch) zu zweit

B

Übungen zum Einmaleins der 2
Heft 1

Lies deinem Partner / deiner Partnerin die elf Aufgaben auf den folgenden drei Seiten vor und überprüfe, ob seine / ihre Antworten richtig sind. Drehe anschließend das Heft um und lass dir dann von deinem Partner / deiner Partnerin die anderen elf Aufgaben vorlesen.

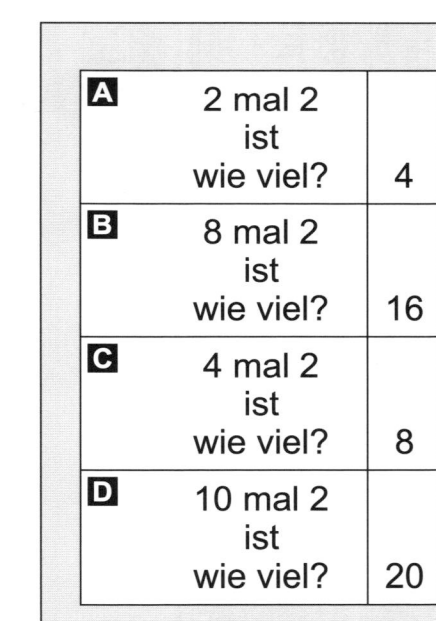

Partnerheft — Lernen (auch) zu zweit

1a

A	2 mal 2 ist wie viel?	4
B	8 mal 2 ist wie viel?	16
C	4 mal 2 ist wie viel?	8
D	10 mal 2 ist wie viel?	20

2a

E	6 mal 2 ist wie viel?	12
F	0 mal 2 ist wie viel?	0
G	1 mal 2 ist wie viel?	2
H	9 mal 2 ist wie viel?	18

3a

I	7 mal 2 ist wie viel?	14
J	5 mal 2 ist wie viel?	10
K	3 mal 2 ist wie viel?	6

Ende

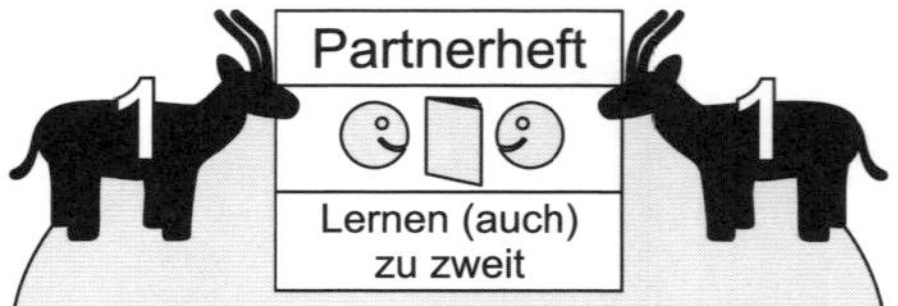

1b

A	0 mal 2 ist wie viel?	0
B	4 mal 2 ist wie viel?	8
C	2 mal 2 ist wie viel?	4
D	3 mal 2 ist wie viel?	6

2b

E	8 mal 2 ist wie viel?	16
F	6 mal 2 ist wie viel?	12
G	9 mal 2 ist wie viel?	18
H	1 mal 2 ist wie viel?	2

3b

I	10 mal 2 ist wie viel?	20
J	7 mal 2 ist wie viel?	14
K	5 mal 2 ist wie viel?	10

Ende

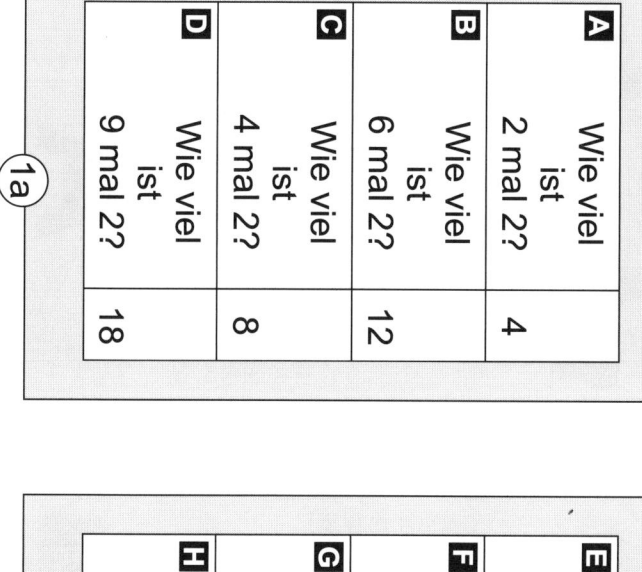

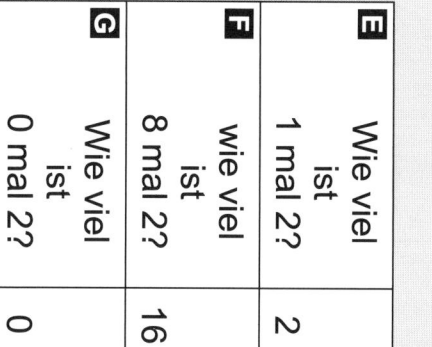

A

Übungen zum
Einmaleins der 2
Heft 2

Lies deinem Partner / deiner Partnerin die elf Aufgaben auf den folgenden drei Seiten vor und überprüfe, ob seine / ihre Antworten richtig sind. Drehe anschließend das Heft um und lass dir dann von deinem Partner / deiner Partnerin die anderen elf Aufgaben vorlesen.

Partnerheft — Lernen (auch) zu zweit

1a

A	Wie viel ist 2 mal 2?	4
B	Wie viel ist 6 mal 2?	12
C	Wie viel ist 4 mal 2?	8
D	Wie viel ist 9 mal 2?	18

B

Übungen zum
Einmaleins der 2
Heft 2

Lies deinem Partner / deiner Partnerin die elf Aufgaben auf den folgenden drei Seiten vor und überprüfe, ob seine / ihre Antworten richtig sind. Drehe anschließend das Heft um und lass dir dann von deinem Partner / deiner Partnerin die anderen elf Aufgaben vorlesen.

Partnerheft — Lernen (auch) zu zweit

2a

E	Wie viel ist 1 mal 2?	2
F	wie viel ist 8 mal 2?	16
G	Wie viel ist 0 mal 2?	0
H	Wie viel ist 5 mal 2?	10

1b

A	Wie viel ist 3 mal 2?	6
B	Wie viel ist 5 mal 2?	10
C	Wie viel ist 0 mal 2?	0
D	Wie viel ist 8 mal 2?	16

3a

I	Wie viel ist 3 mal 2?	6
J	Wie viel ist 7 mal 2?	14
K	Wie viel ist 10 mal 2?	20

Ende

2b

E	Wie viel ist 2 mal 2?	4
F	Wie viel ist 10 mal 2?	20
G	Wie viel ist 4 mal 2?	8
H	Wie viel ist 6 mal 2?	12

3b

I	Wie viel ist 1 mal 2?	2
J	Wie viel ist 7 mal 2?	14
K	Wie viel ist 9 mal 2?	18

Ende

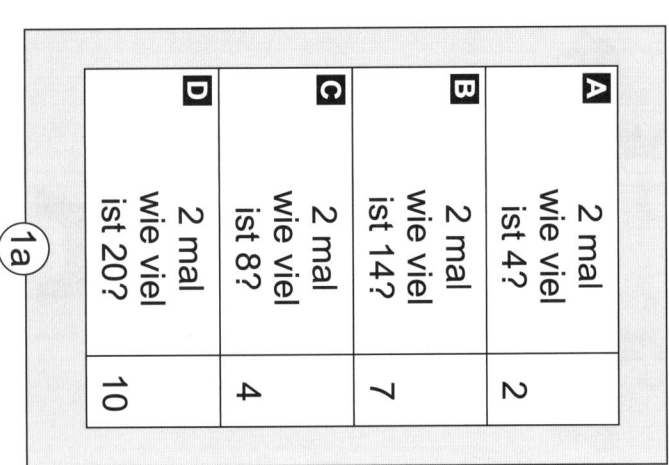

A

Übungen zum Einmaleins der 2
Heft 3

Lies deinem Partner / deiner Partnerin die elf Aufgaben auf den folgenden drei Seiten vor und überprüfe, ob seine / ihre Antworten richtig sind. Drehe anschließend das Heft um und lass dir dann von deinem Partner / deiner Partnerin die anderen elf Aufgaben vorlesen.

Partnerheft — Lernen (auch) zu zweit

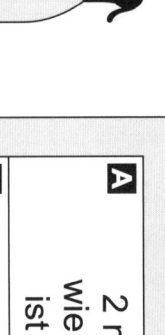

A	2 mal wie viel ist 4?	2
B	2 mal wie viel ist 14?	7
C	2 mal wie viel ist 8?	4
D	2 mal wie viel ist 20?	10

(1a)

B

Übungen zum Einmaleins der 2
Heft 3

Lies deinem Partner / deiner Partnerin die elf Aufgaben auf den folgenden drei Seiten vor und überprüfe, ob seine / ihre Antworten richtig sind. Drehe anschließend das Heft um und lass dir dann von deinem Partner / deiner Partnerin die anderen elf Aufgaben vorlesen.

Partnerheft — Lernen (auch) zu zweit

E	2 mal wie viel ist 12?	6
F	2 mal wie viel ist 0?	0
G	2 mal wie viel ist 18?	9
H	2 mal wie viel ist 2?	1

(2a)

A	2 mal wie viel ist 0?	0
B	2 mal wie viel ist 8?	4
C	2 mal wie viel ist 4?	2
D	2 mal wie viel ist 6?	3

(1b)

I	2 mal wie viel ist 16?	8
J	2 mal wie viel ist 10?	5
K	2 mal wie viel ist 6?	3

Ende

(3a)

E	2 mal wie viel ist 16?	8
F	2 mal wie viel ist 12?	6
G	2 mal wie viel ist 18?	9
H	2 mal wie viel ist 2?	1

(2b)

I	2 mal wie viel ist 20?	10
J	2 mal wie viel ist 14?	7
K	2 mal wie viel ist 10?	5

Ende

(3b)

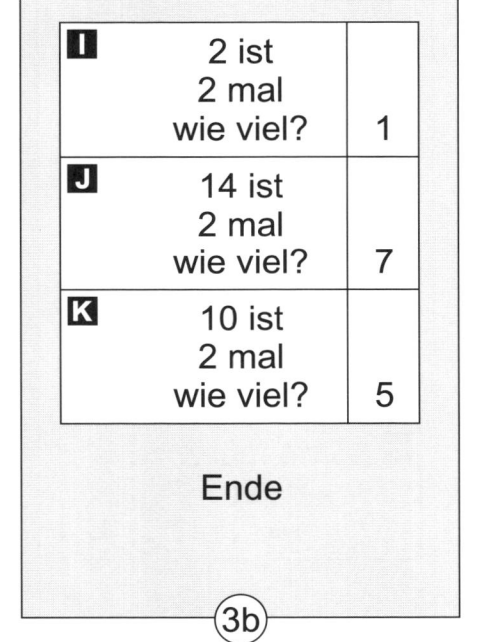

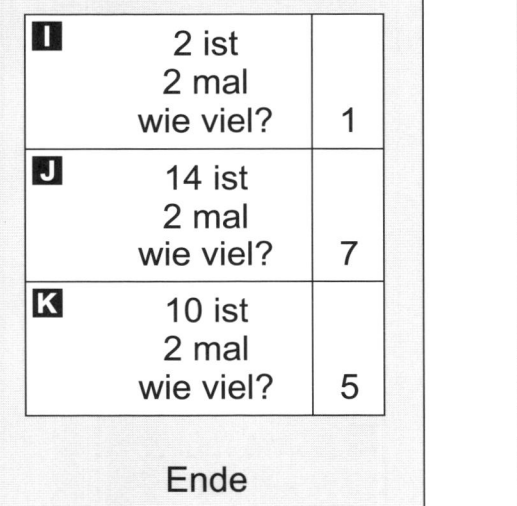

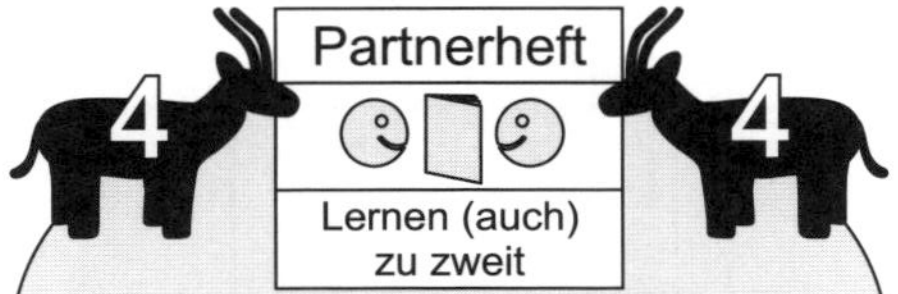

A

Übungen zum Einmaleins der 2
Heft 4

Partnerheft — Lernen (auch) zu zweit

Lies deinem Partner / deiner Partnerin die elf Aufgaben auf den folgenden drei Seiten vor und überprüfe, ob seine / ihre Antworten richtig sind. Drehe anschließend das Heft um und lass dir dann von deinem Partner / deiner Partnerin die anderen elf Aufgaben vorlesen.

1a

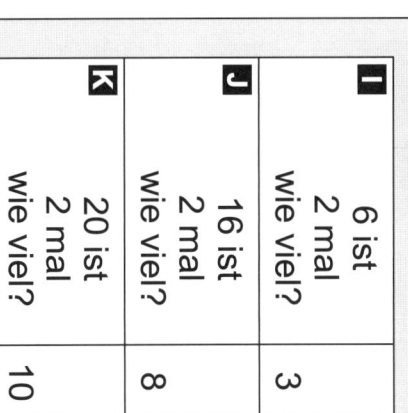

A	4 ist 2 mal wie viel?	2
B	12 ist 2 mal wie viel?	6
C	18 ist 2 mal wie viel?	9
D	8 ist 2 mal wie viel?	4

B

Übungen zum Einmaleins der 2
Heft 4

Partnerheft — Lernen (auch) zu zweit

Lies deinem Partner / deiner Partnerin die elf Aufgaben auf den folgenden drei Seiten vor und überprüfe, ob seine / ihre Antworten richtig sind. Drehe anschließend das Heft um und lass dir dann von deinem Partner / deiner Partnerin die anderen elf Aufgaben vorlesen.

1b

A	6 ist 2 mal wie viel?	3
B	18 ist 2 mal wie viel?	9
C	0 ist 2 mal wie viel?	0
D	16 ist 2 mal wie viel?	8

2a

E	2 ist 2 mal wie viel?	1
F	14 ist 2 mal wie viel?	7
G	0 ist 2 mal wie viel?	0
H	10 ist 2 mal wie viel?	5

2b

E	4 ist 2 mal wie viel?	2
F	20 ist 2 mal wie viel?	10
G	8 ist 2 mal wie viel?	4
H	12 ist 2 mal wie viel?	6

3a

I	6 ist 2 mal wie viel?	3
J	16 ist 2 mal wie viel?	8
K	20 ist 2 mal wie viel?	10

Ende

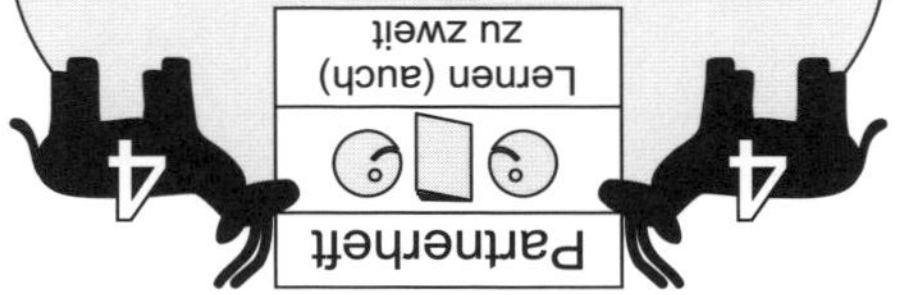

3b

I	2 ist 2 mal wie viel?	1
J	14 ist 2 mal wie viel?	7
K	10 ist 2 mal wie viel?	5

Ende

© Brigg Pädagogik Verlag GmbH, Augsburg

A

Partnerheft — Lernen (auch) zu zweit

Übungen zum Einmaleins der 3
Heft 1

Lies deinem Partner / deiner Partnerin die elf Aufgaben auf den folgenden drei Seiten vor und überprüfe, ob seine / ihre Antworten richtig sind. Drehe anschließend das Heft um und lass dir dann von deinem Partner / deiner Partnerin die anderen elf Aufgaben vorlesen.

1a

A	8 mal 3 ist wie viel?	24
B	4 mal 3 ist wie viel?	12
C	9 mal 3 ist wie viel?	27
D	6 mal 3 ist wie viel?	18

2a

E	2 mal 3 ist wie viel?	6
F	10 mal 3 ist wie viel?	30
G	3 mal 3 ist wie viel?	9
H	0 mal 3 ist wie viel?	0

3a

I	7 mal 3 ist wie viel?	21
J	1 mal 3 ist wie viel?	3
K	5 mal 3 ist wie viel?	15

Ende

B

Partnerheft — Lernen (auch) zu zweit

Übungen zum Einmaleins der 3
Heft 1

Lies deinem Partner / deiner Partnerin die elf Aufgaben auf den folgenden drei Seiten vor und überprüfe, ob seine / ihre Antworten richtig sind. Drehe anschließend das Heft um und lass dir dann von deinem Partner / deiner Partnerin die anderen elf Aufgaben vorlesen.

1b

A	3 mal 3 ist wie viel?	9
B	1 mal 3 ist wie viel?	3
C	8 mal 3 ist wie viel?	24
D	5 mal 3 ist wie viel?	15

2b

E	0 mal 3 ist wie viel?	0
F	7 mal 3 ist wie viel?	21
G	10 mal 3 ist wie viel?	30
H	4 mal 3 ist wie viel?	12

3b

I	9 mal 3 ist wie viel?	27
L	6 mal 3 ist wie viel?	18
K	2 mal 3 ist wie viel?	6

Ende

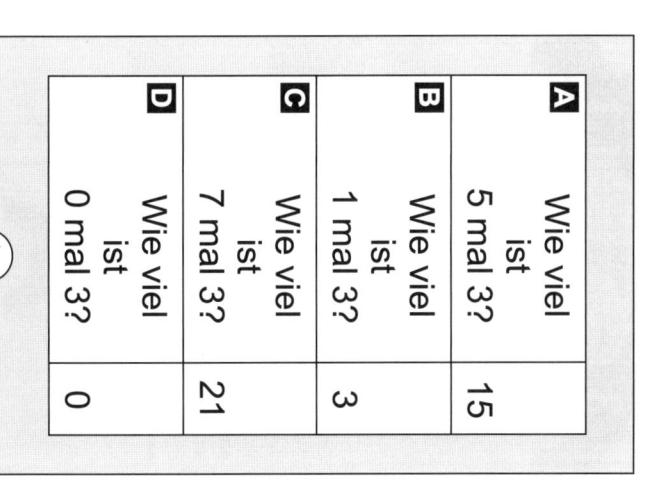

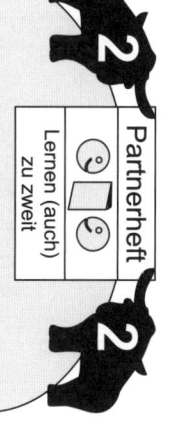

A

Übungen zum Einmaleins der 3
Heft 2

Lies deinem Partner / deiner Partnerin die elf Aufgaben auf den folgenden drei Seiten vor und überprüfe, ob seine / ihre Antworten richtig sind. Drehe anschließend das Heft um und lass dir dann von deinem Partner / deiner Partnerin die anderen elf Aufgaben vorlesen.

B

Übungen zum Einmaleins der 3
Heft 2

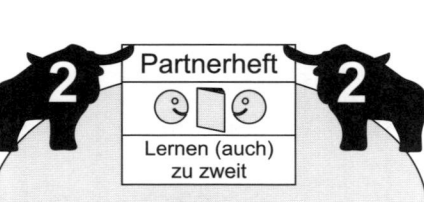

Lies deinem Partner / deiner Partnerin die elf Aufgaben auf den folgenden drei Seiten vor und überprüfe, ob seine / ihre Antworten richtig sind. Drehe anschließend das Heft um und lass dir dann von deinem Partner / deiner Partnerin die anderen elf Aufgaben vorlesen.

1a

A	Wie viel ist 5 mal 3?	15
B	Wie viel ist 1 mal 3?	3
C	Wie viel ist 7 mal 3?	21
D	Wie viel ist 0 mal 3?	0

1b

A	Wie viel ist 2 mal 3?	6
B	Wie viel ist 6 mal 3?	18
C	Wie viel ist 9 mal 3?	27
D	Wie viel ist 4 mal 3?	12

2a

E	Wie viel ist 3 mal 3?	9
F	wie viel ist 10 mal 3?	30
G	Wie viel ist 2 mal 3?	6
H	Wie viel ist 6 mal 3?	18

2b

E	Wie viel ist 10 mal 3?	30
F	Wie viel ist 7 mal 3?	21
G	Wie viel ist 0 mal 3?	0
H	Wie viel ist 5 mal 3?	15

3a

I	Wie viel ist 9 mal 3?	27
J	Wie viel ist 4 mal 3?	12
K	Wie viel ist 8 mal 3?	24

Ende

3b

I	Wie viel ist 8 mal 3?	24
J	Wie viel ist 1 mal 3?	3
K	Wie viel ist 3 mal 3?	9

Ende

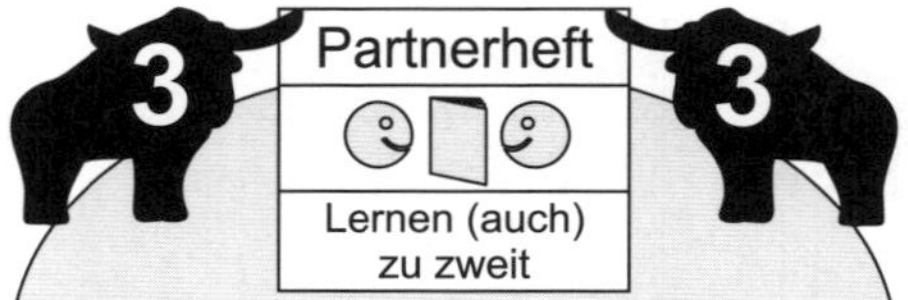

A

Partnerheft

Übungen zum Einmaleins der 3
Heft 3

Lies deinem Partner / deiner Partnerin die elf Aufgaben auf den folgenden drei Seiten vor und überprüfe, ob seine / ihre Antworten richtig sind. Drehe anschließend das Heft um und lass dir dann von deinem Partner / deiner Partnerin die anderen elf Aufgaben vorlesen.

1a

A	3 mal wie viel ist 24?	8
B	3 mal wie viel ist 12?	4
C	3 mal wie viel ist 27?	9
D	3 mal wie viel ist 18?	6

2a

E	3 mal wie viel ist 6?	2
F	3 mal wie viel ist 30?	10
G	3 mal wie viel ist 9?	3
H	3 mal wie viel ist 0?	0

3a

I	3 mal wie viel ist 21?	7
J	3 mal wie viel ist 3?	1
K	3 mal wie viel ist 15?	5

Ende

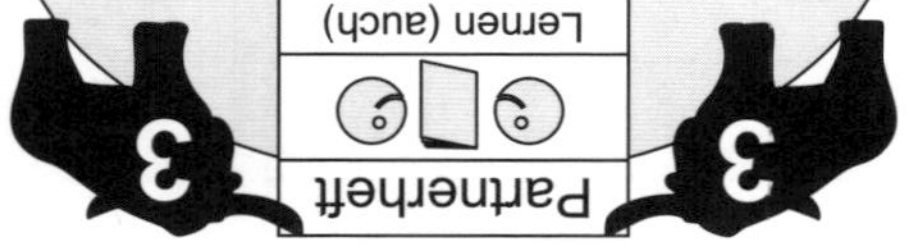

B

Partnerheft

Übungen zum Einmaleins der 3
Heft 3

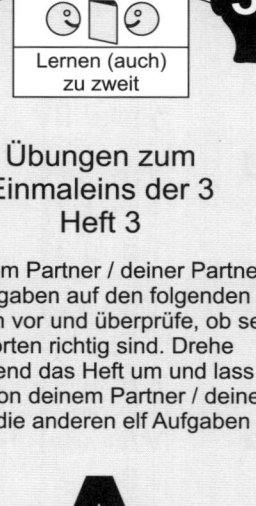

Lies deinem Partner / deiner Partnerin die elf Aufgaben auf den folgenden drei Seiten vor und überprüfe, ob seine / ihre Antworten richtig sind. Drehe anschließend das Heft um und lass dir dann von deinem Partner / deiner Partnerin die anderen elf Aufgaben vorlesen.

1b

A	3 mal wie viel ist 9?	3
B	3 mal wie viel ist 3?	1
C	3 mal wie viel ist 24?	8
D	3 mal wie viel ist 15?	5

2b

E	3 mal wie viel ist 0?	0
F	3 mal wie viel ist 21?	7
G	3 mal wie viel ist 30?	10
H	3 mal wie viel ist 12?	4

3b

I	3 mal wie viel ist 27?	9
J	3 mal wie viel ist 18?	6
K	3 mal wie viel ist 6?	2

Ende

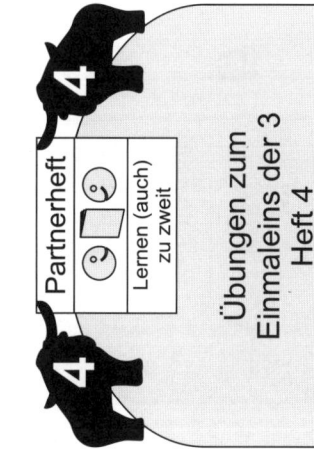

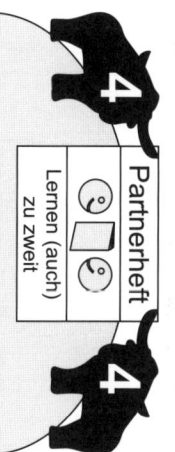

A

Übungen zum Einmaleins der 3
Heft 4

Lies deinem Partner / deiner Partnerin die elf Aufgaben auf den folgenden drei Seiten vor und überprüfe, ob seine / ihre Antworten richtig sind. Drehe anschließend das Heft um und lass dir dann von deinem Partner / deiner Partnerin die anderen elf Aufgaben vorlesen.

Partnerheft — Lernen (auch) zu zweit

(1a)

A	15 ist 3 mal wie viel?	5
B	3 ist 3 mal wie viel?	1
C	21 ist 3 mal wie viel?	7
D	0 ist 3 mal wie viel?	0

(2a)

E	9 ist 3 mal wie viel?	3
F	30 ist 3 mal wie viel?	10
G	6 ist 3 mal wie viel?	2
H	18 ist 3 mal wie viel?	6

(3a)

I	27 ist 3 mal wie viel?	9
J	12 ist 3 mal wie viel?	4
K	24 ist 3 mal wie viel?	8

Ende

B

Übungen zum Einmaleins der 3
Heft 4

Lies deinem Partner / deiner Partnerin die elf Aufgaben auf den folgenden drei Seiten vor und überprüfe, ob seine / ihre Antworten richtig sind. Drehe anschließend das Heft um und lass dir dann von deinem Partner / deiner Partnerin die anderen elf Aufgaben vorlesen.

Partnerheft — Lernen (auch) zu zweit

(1b)

A	6 ist 3 mal wie viel?	2
B	18 ist 3 mal wie viel?	6
C	27 ist 3 mal wie viel?	9
D	12 ist 3 mal wie viel?	4

(2b)

E	30 ist 3 mal wie viel?	10
F	21 ist 3 mal wie viel?	7
G	9 ist 3 mal wie viel?	3
H	15 ist 3 mal wie viel?	5

(3b)

I	24 ist 3 mal wie viel?	8
J	3 ist 3 mal wie viel?	1
K	0 ist 3 mal wie viel?	0

Ende

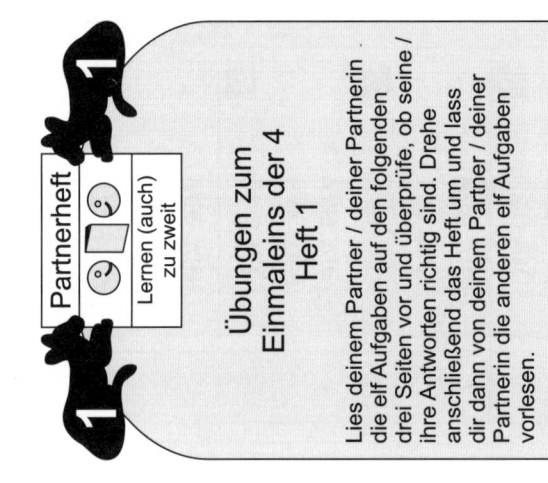
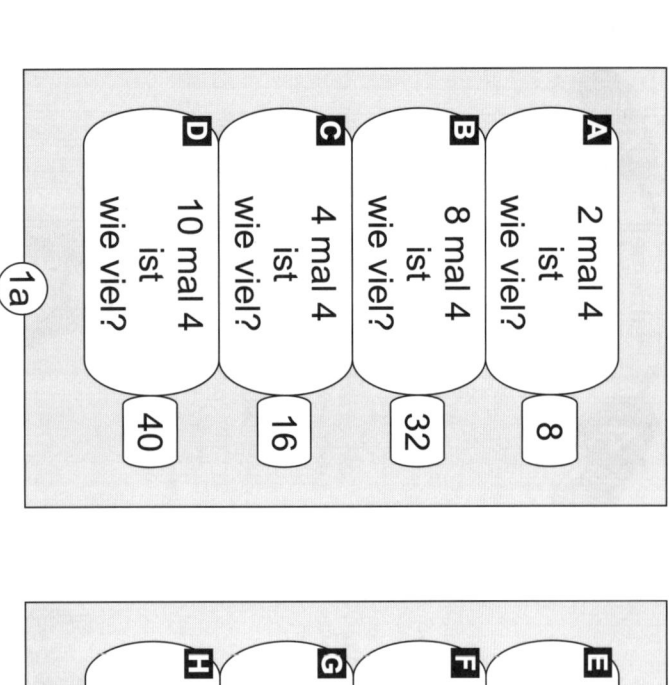
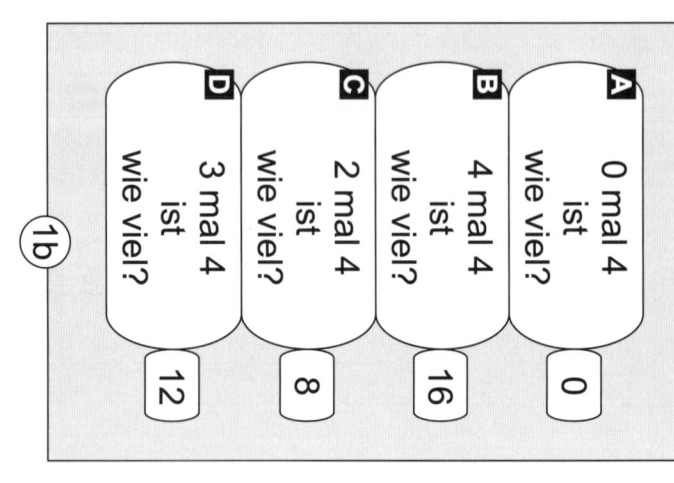
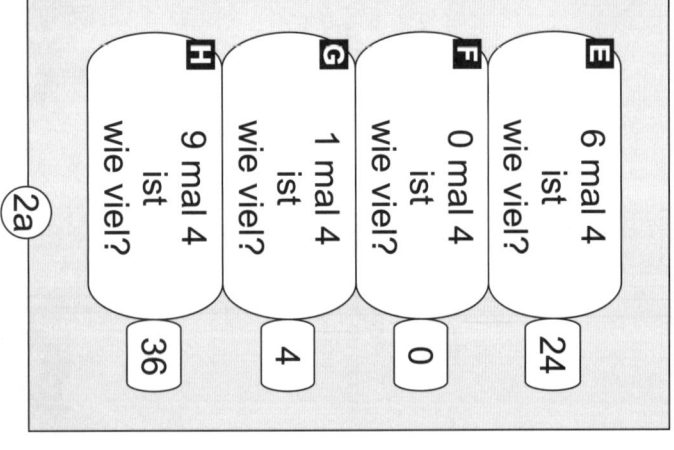
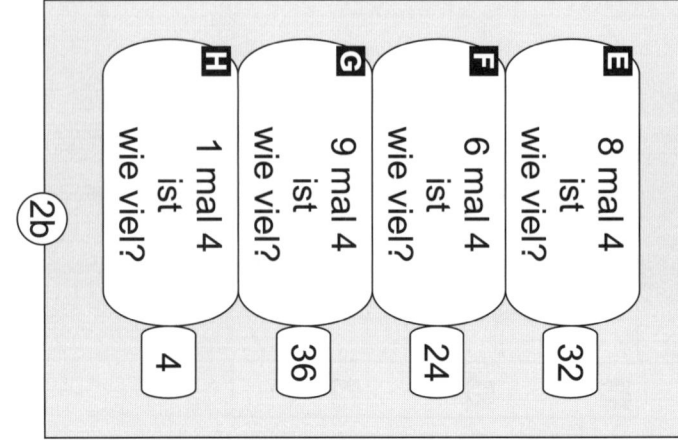
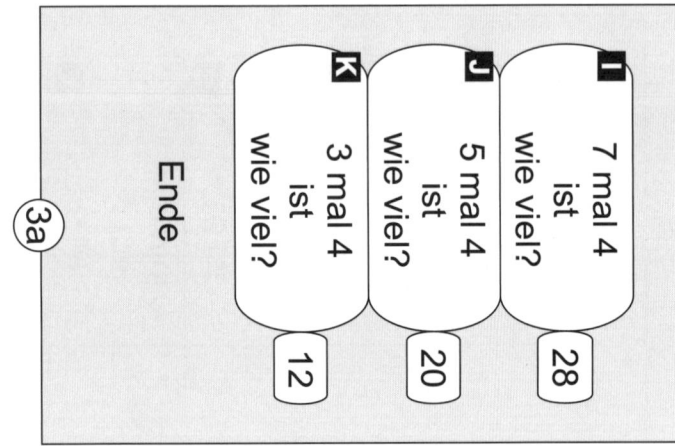
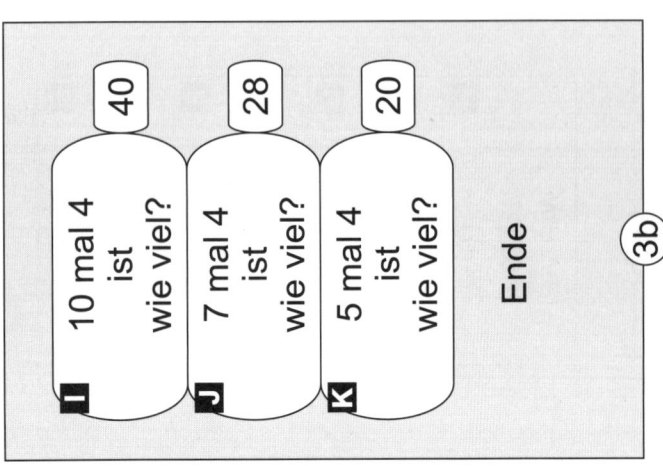

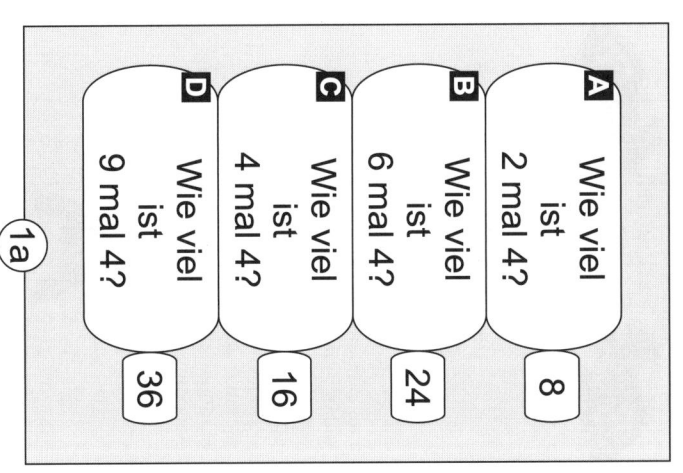

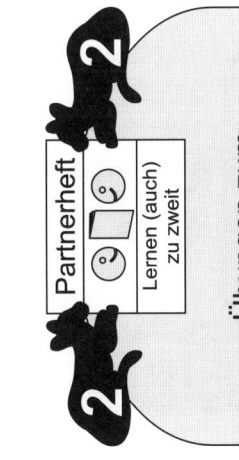

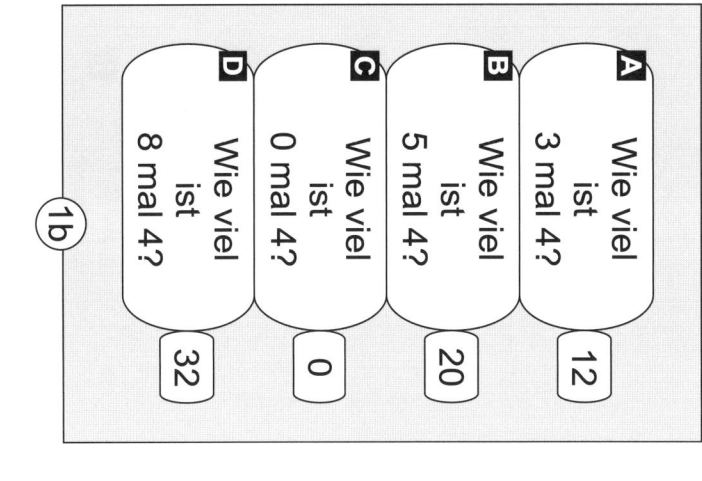

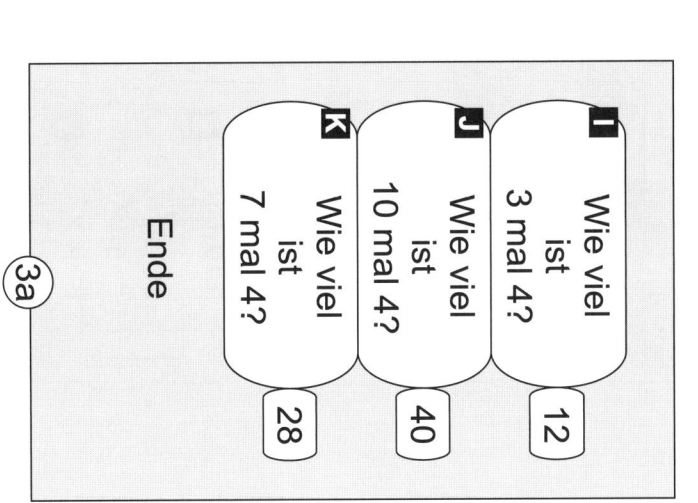

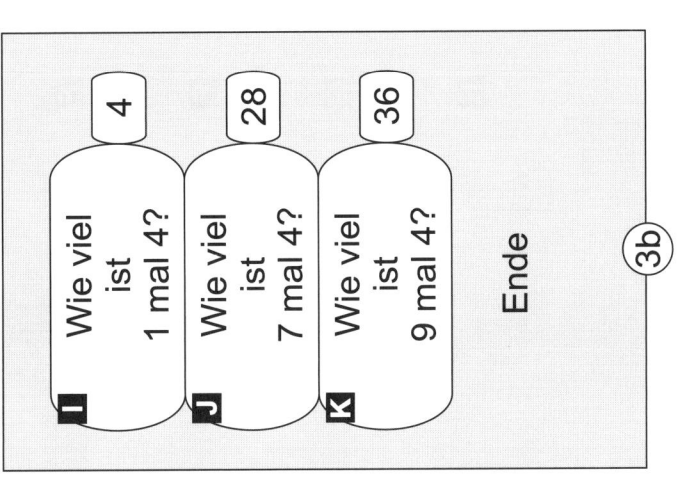

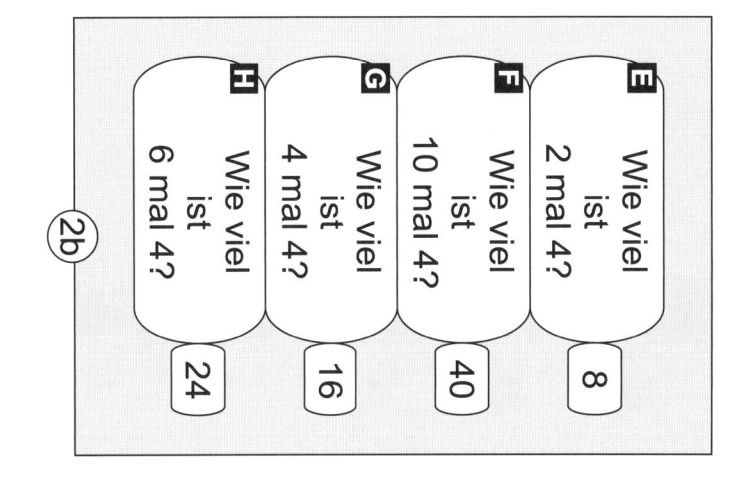

A

Lies deinem Partner / deiner Partnerin die elf Aufgaben auf den folgenden drei Seiten vor und überprüfe, ob seine / ihre Antworten richtig sind. Drehe anschließend das Heft um und lass dir dann von deinem Partner / deiner Partnerin die anderen elf Aufgaben vorlesen.

Übungen zum Einmaleins der 4
Heft 2

1a
- A: Wie viel ist 2 mal 4? — 8
- B: Wie viel ist 6 mal 4? — 24
- C: Wie viel ist 4 mal 4? — 16
- D: Wie viel ist 9 mal 4? — 36

B

Lies deinem Partner / deiner Partnerin die elf Aufgaben auf den folgenden drei Seiten vor und überprüfe, ob seine / ihre Antworten richtig sind. Drehe anschließend das Heft um und lass dir dann von deinem Partner / deiner Partnerin die anderen elf Aufgaben vorlesen.

Übungen zum Einmaleins der 4
Heft 2

2a
- E: Wie viel ist 1 mal 4? — 4
- F: Wie viel ist 8 mal 4? — 32
- G: Wie viel ist 0 mal 4? — 0
- H: Wie viel ist 5 mal 4? — 20

1b
- A: Wie viel ist 3 mal 4? — 12
- B: Wie viel ist 5 mal 4? — 20
- C: Wie viel ist 0 mal 4? — 0
- D: Wie viel ist 8 mal 4? — 32

3a
- I: Wie viel ist 3 mal 4? — 12
- J: Wie viel ist 10 mal 4? — 40
- K: Wie viel ist 7 mal 4? — 28
- Ende

2b
- E: Wie viel ist 2 mal 4? — 8
- F: Wie viel ist 10 mal 4? — 40
- G: Wie viel ist 4 mal 4? — 16
- H: Wie viel ist 6 mal 4? — 24

3b
- I: Wie viel ist 1 mal 4? — 4
- J: Wie viel ist 7 mal 4? — 28
- K: Wie viel ist 9 mal 4? — 36
- Ende

© Brigg Pädagogik Verlag GmbH, Augsburg

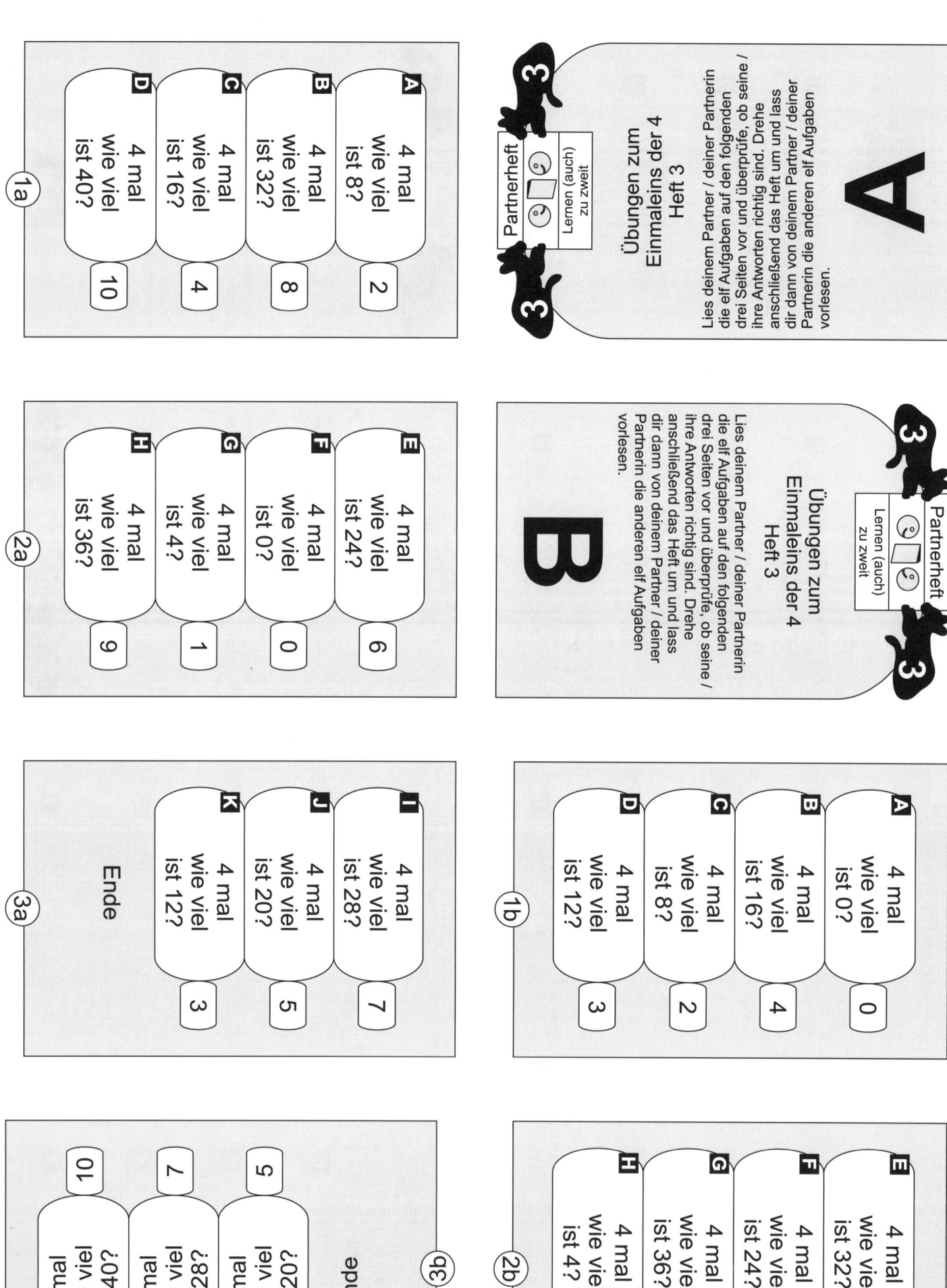

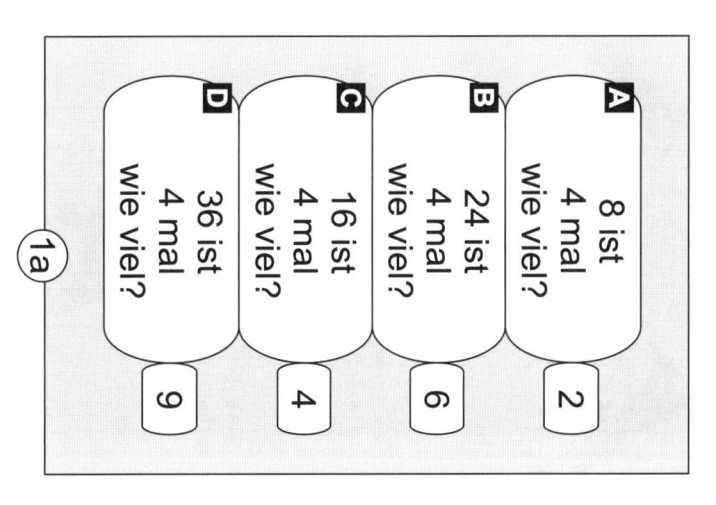

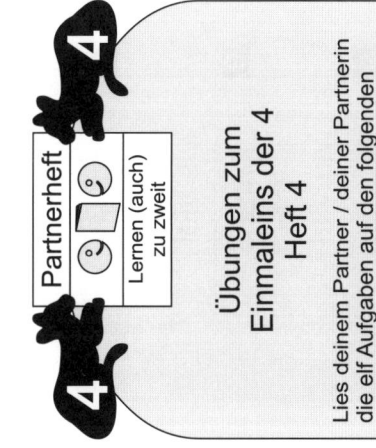

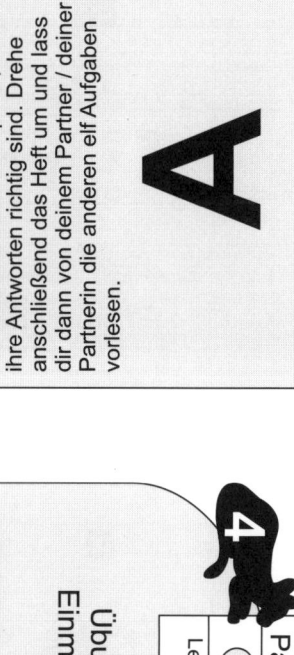

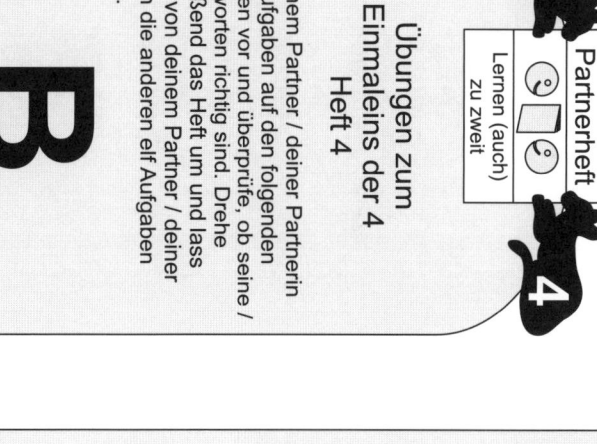

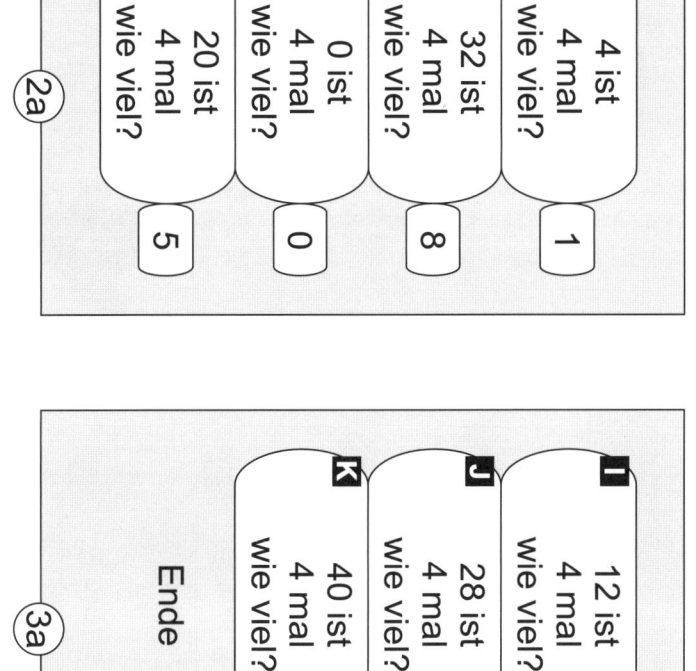

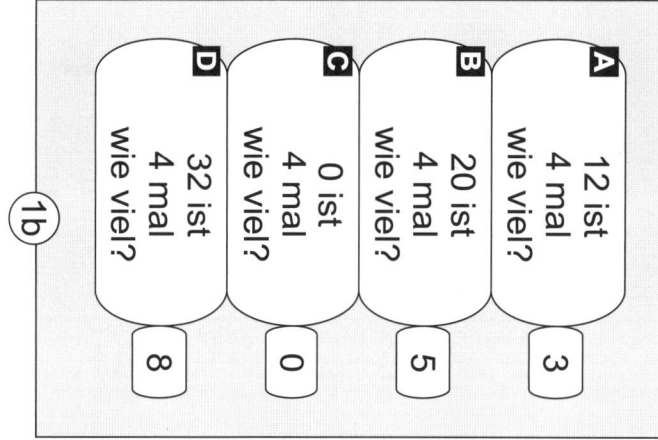

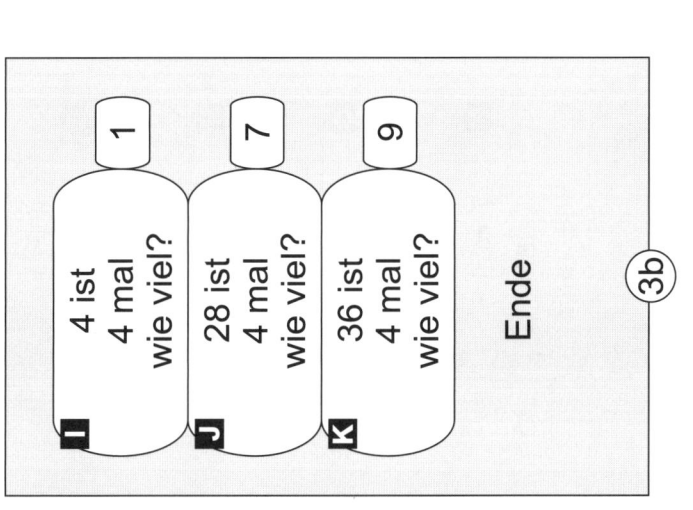

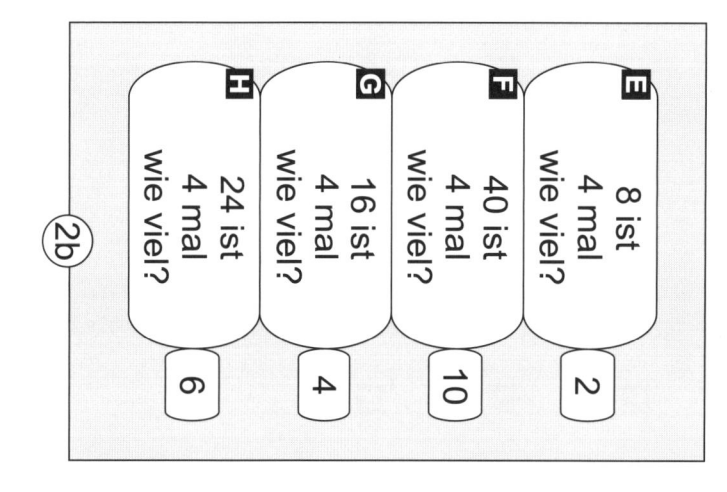

A

Lies deinem Partner / deiner Partnerin die elf Aufgaben auf den folgenden drei Seiten vor und überprüfe, ob seine / ihre Antworten richtig sind. Drehe anschließend das Heft um und lass dir dann von deinem Partner / deiner Partnerin die anderen elf Aufgaben vorlesen.

Übungen zum Einmaleins der 4
Heft 4

Partnerheft — Lernen (auch) zu zweit

A 8 ist 4 mal wie viel? — 2
B 24 ist 4 mal wie viel? — 6
C 16 ist 4 mal wie viel? — 4
D 36 ist 4 mal wie viel? — 9

(1a)

B

Lies deinem Partner / deiner Partnerin die elf Aufgaben auf den folgenden drei Seiten vor und überprüfe, ob seine / ihre Antworten richtig sind. Drehe anschließend das Heft um und lass dir dann von deinem Partner / deiner Partnerin die anderen elf Aufgaben vorlesen.

Übungen zum Einmaleins der 4
Heft 4

Partnerheft — Lernen (auch) zu zweit

E 4 ist 4 mal wie viel? — 1
F 32 ist 4 mal wie viel? — 8
G 0 ist 4 mal wie viel? — 0
H 20 ist 4 mal wie viel? — 5

(2a)

A 12 ist 4 mal wie viel? — 3
B 20 ist 4 mal wie viel? — 5
C 0 ist 4 mal wie viel? — 0
D 32 ist 4 mal wie viel? — 8

(1b)

I 12 ist 4 mal wie viel? — 3
J 28 ist 4 mal wie viel? — 7
K 40 ist 4 mal wie viel? — 10

Ende

(3a)

E 8 ist 4 mal wie viel? — 2
F 40 ist 4 mal wie viel? — 10
G 16 ist 4 mal wie viel? — 4
H 24 ist 4 mal wie viel? — 6

(2b)

I 4 ist 4 mal wie viel? — 1
J 28 ist 4 mal wie viel? — 7
K 36 ist 4 mal wie viel? — 9

Ende

(3b)

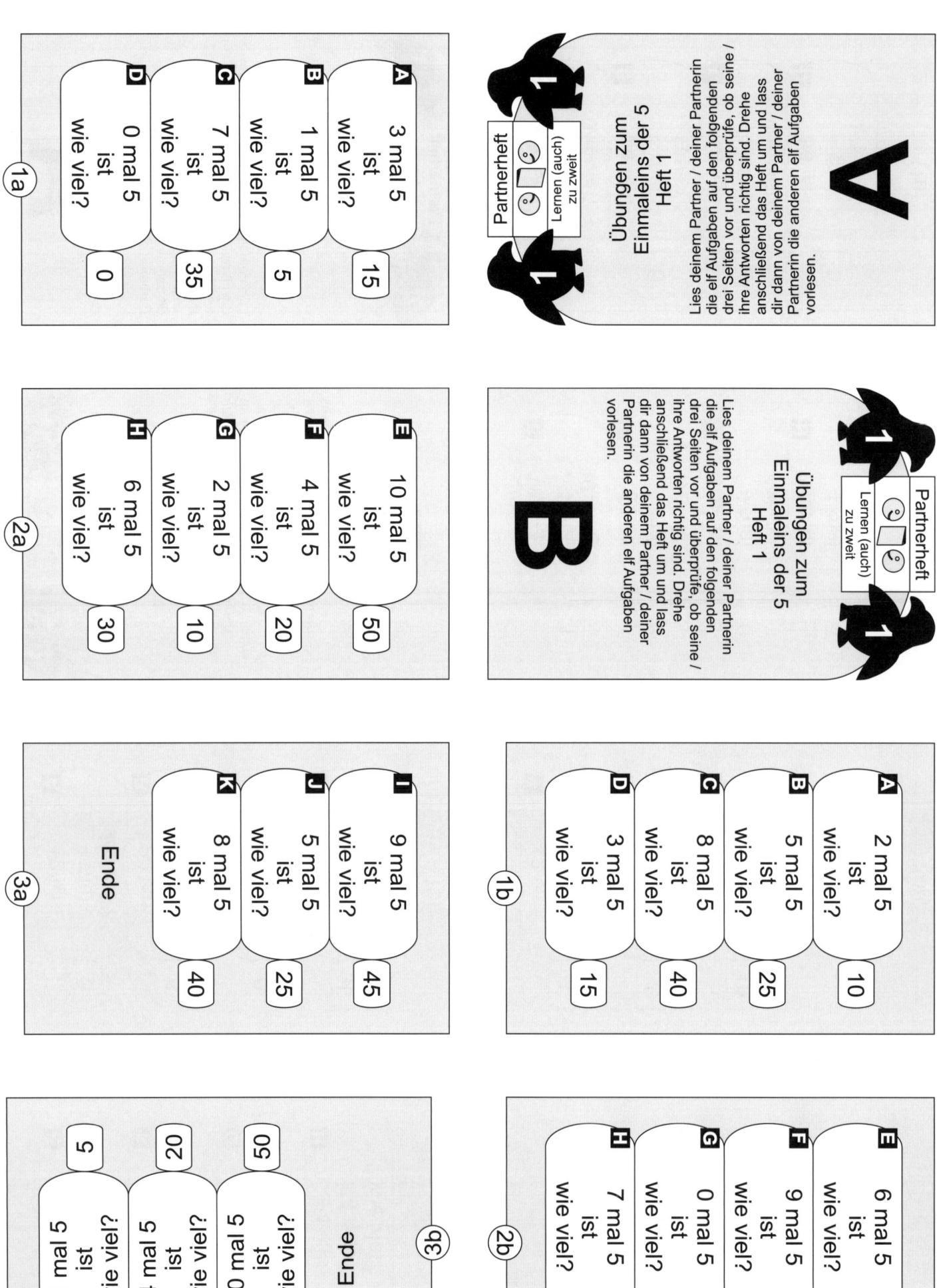

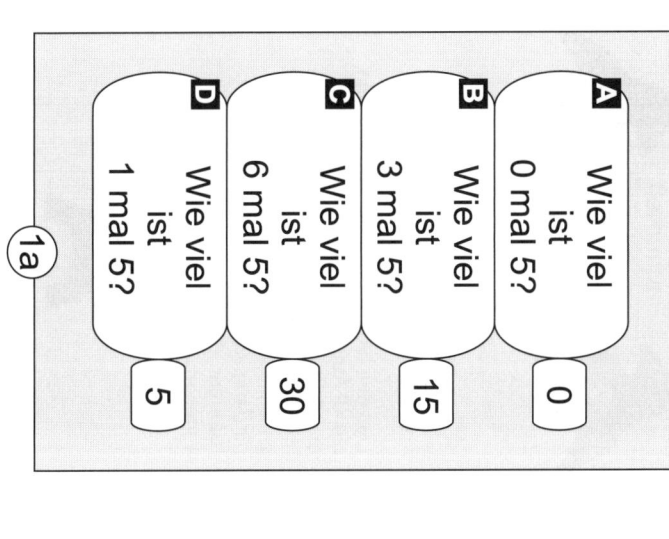

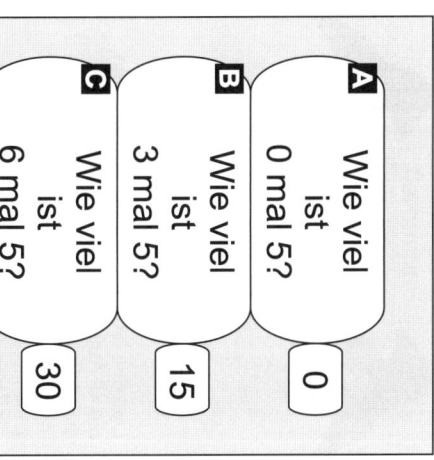

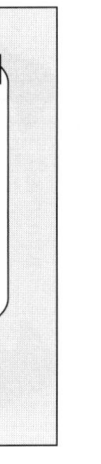

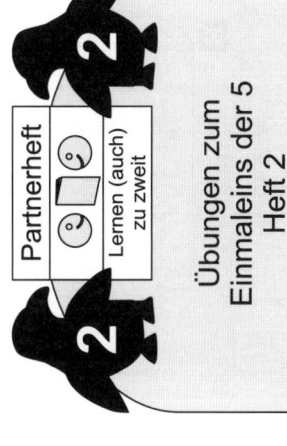

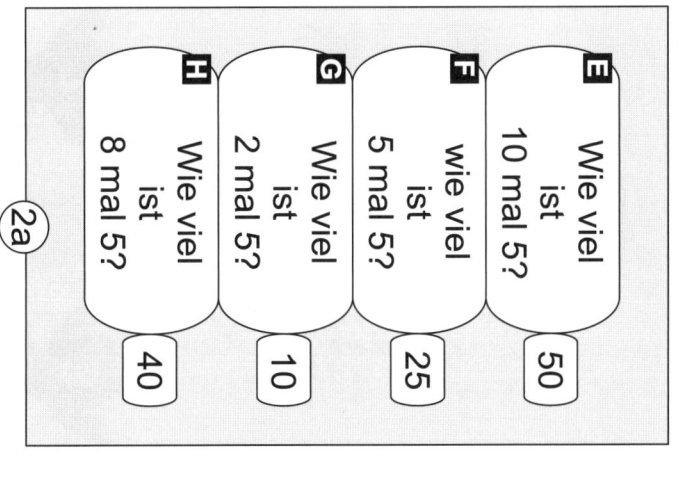

A

Partnerheft — Lernen (auch) zu zweit

Übungen zum Einmaleins der 5
Heft 2

Lies deinem Partner / deiner Partnerin die elf Aufgaben auf den folgenden drei Seiten vor und überprüfe, ob seine / ihre Antworten richtig sind. Drehe anschließend das Heft um und lass dir dann von deinem Partner / deiner Partnerin die anderen elf Aufgaben vorlesen.

1a
- A: Wie viel ist 0 mal 5? → 0
- B: Wie viel ist 3 mal 5? → 15
- C: Wie viel ist 6 mal 5? → 30
- D: Wie viel ist 1 mal 5? → 5

2a
- E: Wie viel ist 10 mal 5? → 50
- F: Wie viel ist 5 mal 5? → 25
- G: Wie viel ist 2 mal 5? → 10
- H: Wie viel ist 8 mal 5? → 40

3a
- I: Wie viel ist 4 mal 5? → 20
- J: Wie viel ist 7 mal 5? → 35
- K: Wie viel ist 9 mal 5? → 45

Ende

B

Partnerheft — Lernen (auch) zu zweit

Übungen zum Einmaleins der 5
Heft 2

Lies deinem Partner / deiner Partnerin die elf Aufgaben auf den folgenden drei Seiten vor und überprüfe, ob seine / ihre Antworten richtig sind. Drehe anschließend das Heft um und lass dir dann von deinem Partner / deiner Partnerin die anderen elf Aufgaben vorlesen.

1b
- A: Wie viel ist 1 mal 5? → 5
- B: Wie viel ist 6 mal 5? → 30
- C: Wie viel ist 0 mal 5? → 0
- D: Wie viel ist 7 mal 5? → 35

2b
- E: Wie viel ist 4 mal 5? → 20
- F: Wie viel ist 10 mal 5? → 50
- G: Wie viel ist 5 mal 5? → 25
- H: Wie viel ist 2 mal 5? → 10

3b
- I: Wie viel ist 9 mal 5? → 45
- J: Wie viel ist 3 mal 5? → 15
- K: Wie viel ist 8 mal 5? → 40

Ende

© Brigg Pädagogik Verlag GmbH, Augsburg

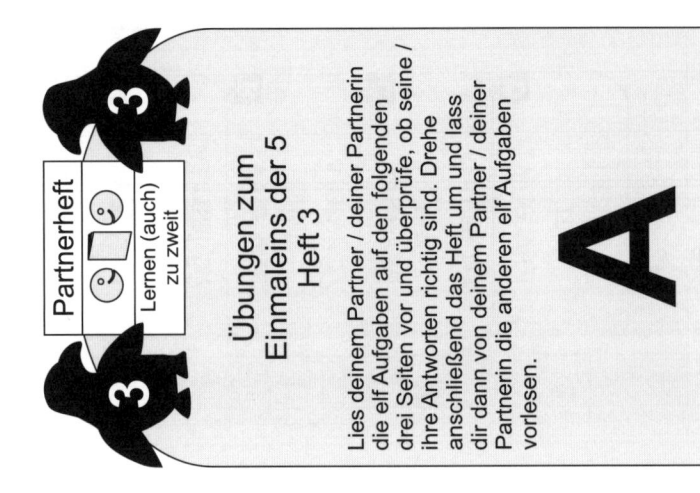
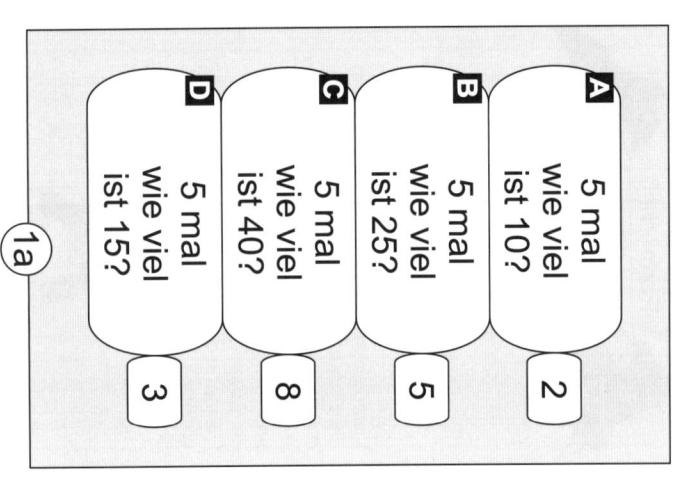

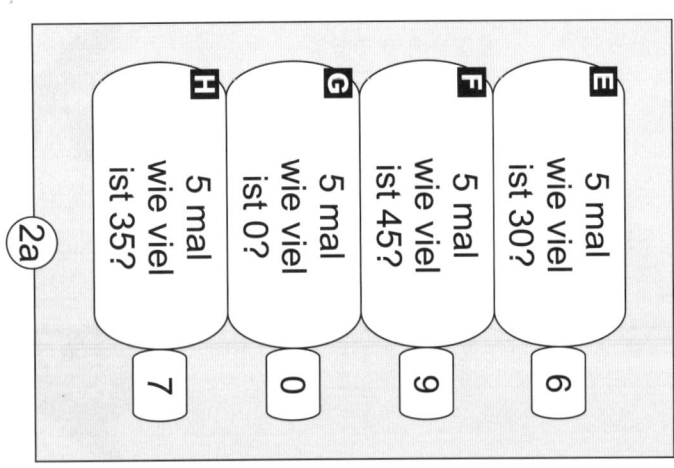
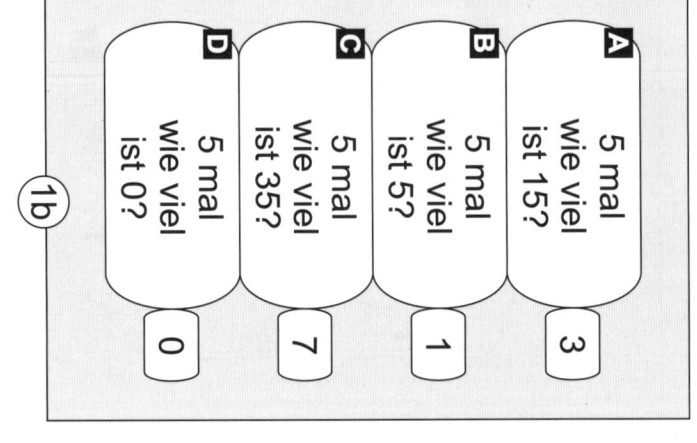
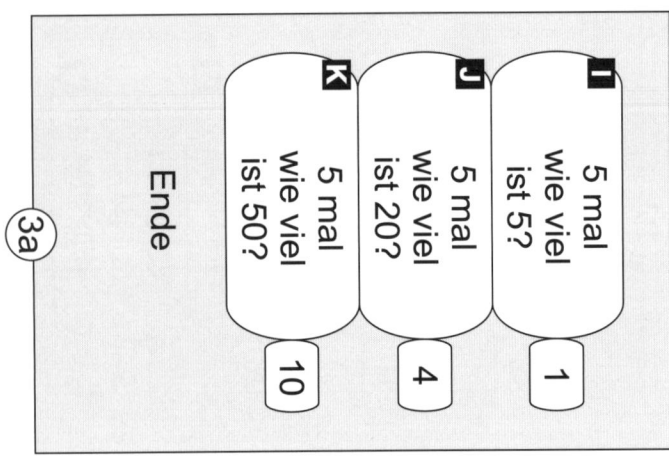
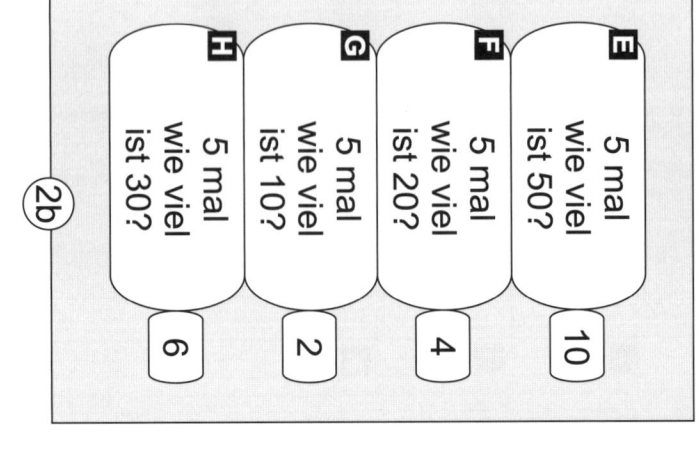
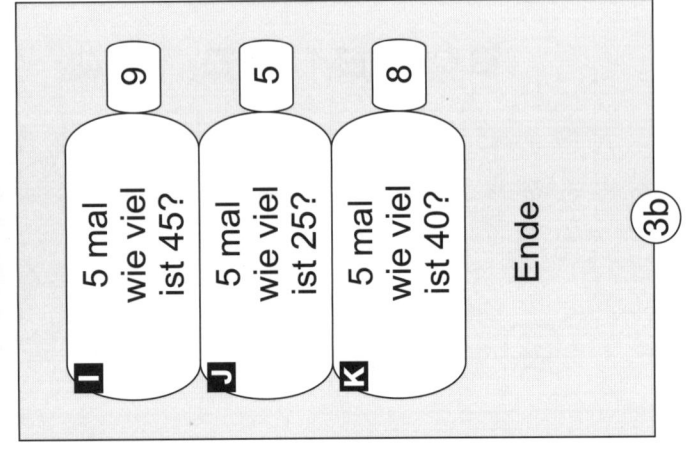

A

Partnerheft

Lernen (auch) zu zweit

Übungen zum Einmaleins der 5 Heft 4

Lies deinem Partner / deiner Partnerin die elf Aufgaben auf den folgenden drei Seiten vor und überprüfe, ob seine / ihre Antworten richtig sind. Drehe anschließend das Heft um und lass dir dann von deinem Partner / deiner Partnerin die anderen elf Aufgaben vorlesen.

B

Partnerheft

Lernen (auch) zu zweit

Übungen zum Einmaleins der 5 Heft 4

Lies deinem Partner / deiner Partnerin die elf Aufgaben auf den folgenden drei Seiten vor und überprüfe, ob seine / ihre Antworten richtig sind. Drehe anschließend das Heft um und lass dir dann von deinem Partner / deiner Partnerin die anderen elf Aufgaben vorlesen.

1a

A	0 ist 5 mal wie viel?	0
B	15 ist 5 mal wie viel?	3
C	30 ist 5 mal wie viel?	6
D	5 ist 5 mal wie viel?	1

2a

E	50 ist 5 mal wie viel?	10
F	25 ist 5 mal wie viel?	5
G	10 ist 5 mal wie viel?	2
H	40 ist 5 mal wie viel?	8

3a

I	20 ist 5 mal wie viel?	4
J	35 ist 5 mal wie viel?	7
K	45 ist 5 mal wie viel?	9

Ende

1b

A	5 ist 5 mal wie viel?	1
B	30 ist 5 mal wie viel?	6
C	0 ist 5 mal wie viel?	0
D	35 ist 5 mal wie viel?	7

2b

E	20 ist 5 mal wie viel?	4
F	50 ist 5 mal wie viel?	10
G	25 ist 5 mal wie viel?	5
H	10 ist 5 mal wie viel?	2

3b

I	45 ist 5 mal wie viel?	9
J	15 ist 5 mal wie viel?	3
K	40 ist 5 mal wie viel?	8

Ende

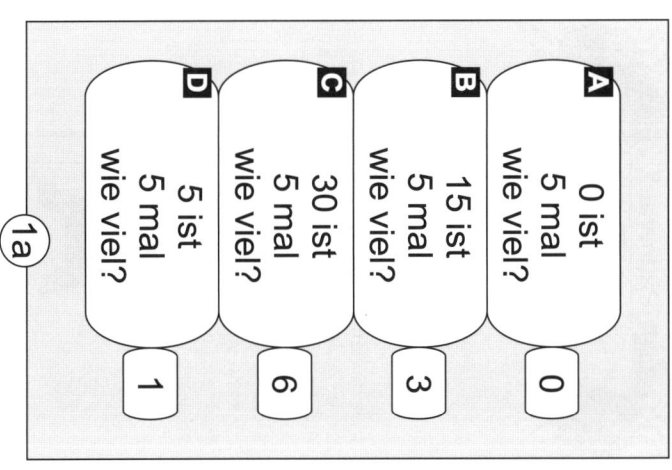

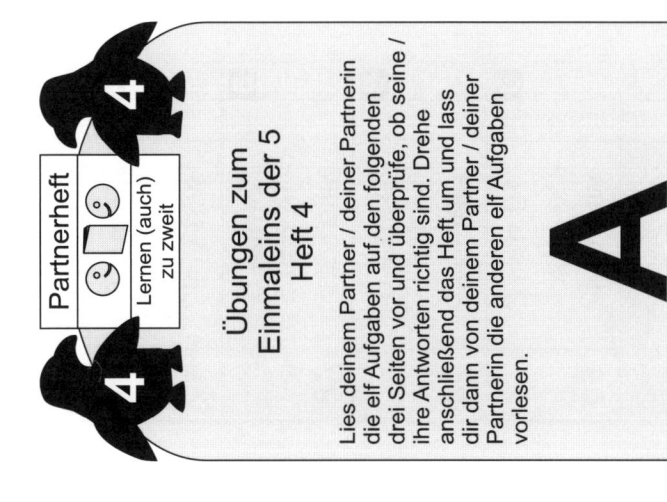

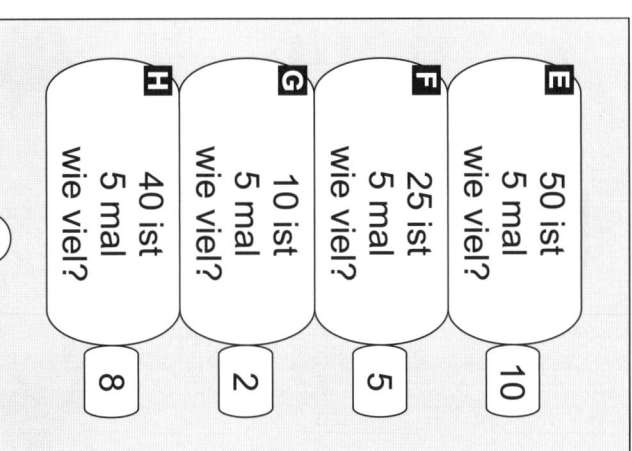

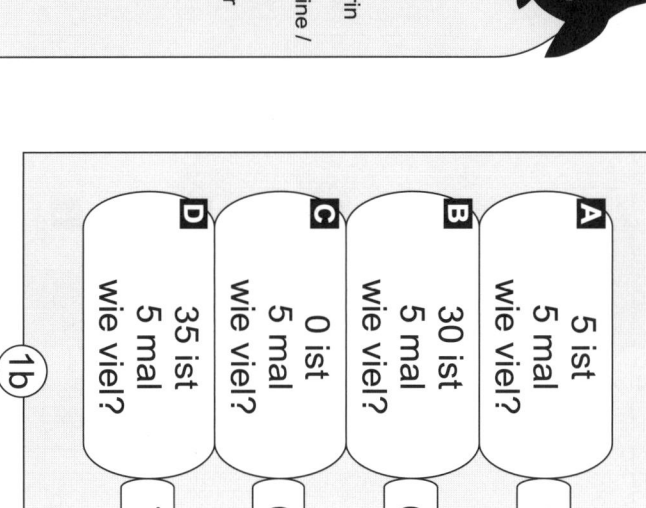

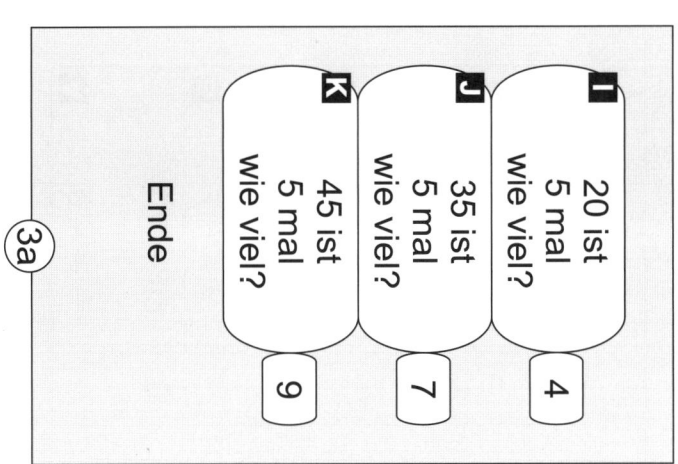

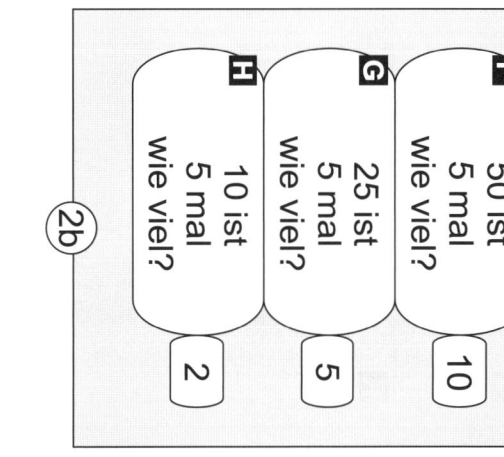

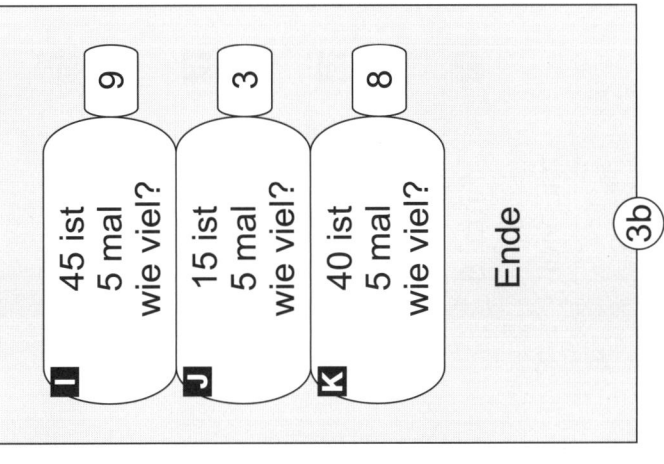

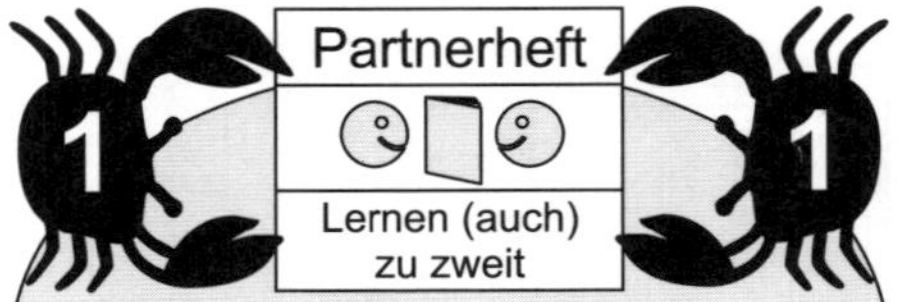

A

Übungen zum Einmaleins der 6
Heft 1

Lies deinem Partner / deiner Partnerin die elf Aufgaben auf den folgenden drei Seiten vor und überprüfe, ob seine / ihre Antworten richtig sind. Drehe anschließend das Heft um und lass dir dann von deinem Partner / deiner Partnerin die anderen elf Aufgaben vorlesen.

Partnerheft — Lernen (auch) zu zweit

1a

A	2 mal 6 ist wie viel?	12
B	8 mal 6 ist wie viel?	48
C	4 mal 6 ist wie viel?	24
D	10 mal 6 ist wie viel?	60

2a

E	6 mal 6 ist wie viel?	36
F	0 mal 6 ist wie viel?	0
G	1 mal 6 ist wie viel?	6
H	9 mal 6 ist wie viel?	54

3a

I	7 mal 6 ist wie viel?	42
J	5 mal 6 ist wie viel?	30
K	3 mal 6 ist wie viel?	18

Ende

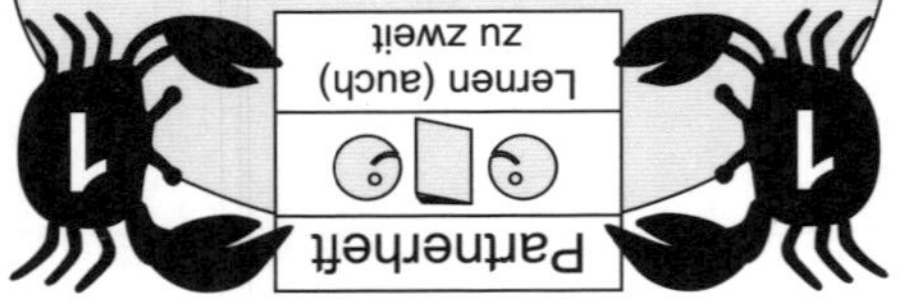

B

Übungen zum Einmaleins der 6
Heft 1

Lies deinem Partner / deiner Partnerin die elf Aufgaben auf den folgenden drei Seiten vor und überprüfe, ob seine / ihre Antworten richtig sind. Drehe anschließend das Heft um und lass dir dann von deinem Partner / deiner Partnerin die anderen elf Aufgaben vorlesen.

Partnerheft — Lernen (auch) zu zweit

1b

A	0 mal 6 ist wie viel?	0
B	4 mal 6 ist wie viel?	24
C	2 mal 6 ist wie viel?	12
D	3 mal 6 ist wie viel?	18

2b

E	8 mal 6 ist wie viel?	48
F	6 mal 6 ist wie viel?	36
G	9 mal 6 ist wie viel?	54
H	1 mal 6 ist wie viel?	6

3b

I	10 mal 6 ist wie viel?	60
L	7 mal 6 ist wie viel?	42
K	5 mal 6 ist wie viel?	30

Ende

A

Übungen zum Einmaleins der 6 Heft 2

Lies deinem Partner / deiner Partnerin die elf Aufgaben auf den folgenden drei Seiten vor und überprüfe, ob seine / ihre Antworten richtig sind. Drehe anschließend das Heft um und lass dir dann von deinem Partner / deiner Partnerin die anderen elf Aufgaben vorlesen.

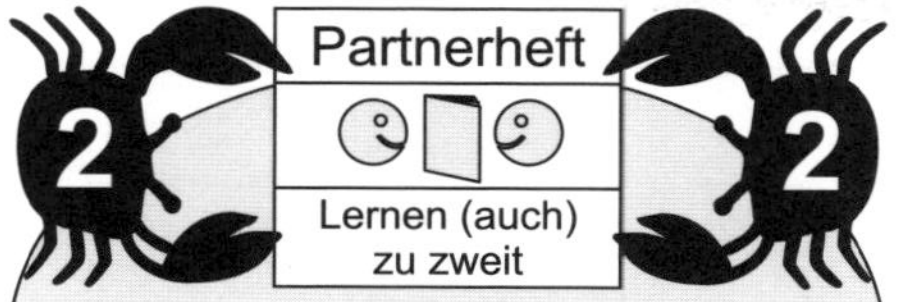

Partnerheft — Lernen (auch) zu zweit

B

Übungen zum Einmaleins der 6 Heft 2

Lies deinem Partner / deiner Partnerin die elf Aufgaben auf den folgenden drei Seiten vor und überprüfe, ob seine / ihre Antworten richtig sind. Drehe anschließend das Heft um und lass dir dann von deinem Partner / deiner Partnerin die anderen elf Aufgaben vorlesen.

Partnerheft — Lernen (auch) zu zweit

1a

A	Wie viel ist 3 mal 6?	18
B	Wie viel ist 5 mal 6?	30
C	Wie viel ist 0 mal 6?	0
D	Wie viel ist 8 mal 6?	48

2a

E	Wie viel ist 2 mal 6?	12
F	wie viel ist 10 mal 6?	60
G	Wie viel ist 4 mal 6?	24
H	Wie viel ist 6 mal 6?	36

3a

I	Wie viel ist 1 mal 6?	6
J	Wie viel ist 7 mal 6?	42
K	Wie viel ist 9 mal 6?	54

Ende

1b

A	Wie viel ist 2 mal 6?	12
B	Wie viel ist 6 mal 6?	36
C	Wie viel ist 4 mal 6?	24
D	Wie viel ist 9 mal 6?	54

2b

E	Wie viel ist 1 mal 6?	6
F	Wie viel ist 8 mal 6?	48
G	Wie viel ist 0 mal 6?	0
H	Wie viel ist 5 mal 6?	30

3b

I	Wie viel ist 3 mal 6?	18
J	Wie viel ist 10 mal 6?	60
K	Wie viel ist 7 mal 6?	42

Ende

© Brigg Pädagogik Verlag GmbH, Augsburg

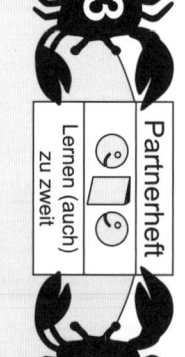

A

Übungen zum Einmaleins der 6 Heft 3

Lies deinem Partner / deiner Partnerin die elf Aufgaben auf den folgenden drei Seiten vor und überprüfe, ob seine / ihre Antworten richtig sind. Drehe anschließend das Heft um und lass dir dann von deinem Partner / deiner Partnerin die anderen elf Aufgaben vorlesen.

Partnerheft — Lernen (auch) zu zweit

B

Übungen zum Einmaleins der 6 Heft 3

Lies deinem Partner / deiner Partnerin die elf Aufgaben auf den folgenden drei Seiten vor und überprüfe, ob seine / ihre Antworten richtig sind. Drehe anschließend das Heft um und lass dir dann von deinem Partner / deiner Partnerin die anderen elf Aufgaben vorlesen.

Partnerheft — Lernen (auch) zu zweit

1a

A 6 mal wie viel ist 12?	2
B 6 mal wie viel ist 48?	8
C 6 mal wie viel ist 24?	4
D 6 mal wie viel ist 60?	10

2a

E 6 mal wie viel ist 36?	6
F 6 mal wie viel ist 0?	0
G 6 mal wie viel ist 6?	1
H 6 mal wie viel ist 54?	9

3a

I 6 mal wie viel ist 42?	7
J 6 mal wie viel ist 30?	5
K 6 mal wie viel ist 18?	3
Ende	

1b

A 6 mal wie viel ist 0?	0
B 6 mal wie viel ist 24?	4
C 6 mal wie viel ist 12?	2
D 6 mal wie viel ist 18?	3

2b

E 6 mal wie viel ist 48?	8
F 6 mal wie viel ist 36?	6
G 6 mal wie viel ist 54?	9
H 6 mal wie viel ist 6?	1

3b

I 6 mal wie viel ist 30?	5
J 6 mal wie viel ist 42?	7
K 6 mal wie viel ist 60?	10
Ende	

Michael Junga: Kopfrechnen in Freiarbeit · Übungen zum kleinen 1·1 · Best.Nr. 888

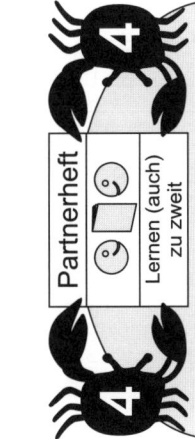

A

Übungen zum
Einmaleins der 6
Heft 4

Lies deinem Partner / deiner Partnerin die elf Aufgaben auf den folgenden drei Seiten vor und überprüfe, ob seine / ihre Antworten richtig sind. Drehe anschließend das Heft um und lass dir dann von deinem Partner / deiner Partnerin die anderen elf Aufgaben vorlesen.

Partnerheft — Lernen (auch) zu zweit

B

Übungen zum
Einmaleins der 6
Heft 4

Lies deinem Partner / deiner Partnerin die elf Aufgaben auf den folgenden drei Seiten vor und überprüfe, ob seine / ihre Antworten richtig sind. Drehe anschließend das Heft um und lass dir dann von deinem Partner / deiner Partnerin die anderen elf Aufgaben vorlesen.

Partnerheft — Lernen (auch) zu zweit

1a

A	18 ist 6 mal wie viel?	3
B	30 ist 6 mal wie viel?	5
C	0 ist 6 mal wie viel?	0
D	48 ist 6 mal wie viel?	8

1b

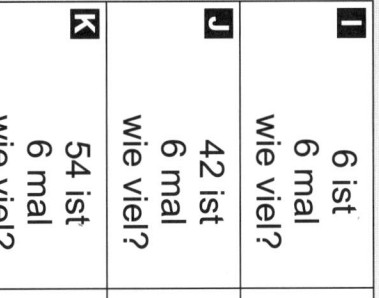

A	12 ist 6 mal wie viel?	2
B	36 ist 6 mal wie viel?	6
C	24 ist 6 mal wie viel?	4
D	54 ist 6 mal wie viel?	9

2a

E	12 ist 6 mal wie viel?	2
F	60 ist 6 mal wie viel?	10
G	24 ist 6 mal wie viel?	4
H	36 ist 6 mal wie viel?	6

2b

E	6 ist 6 mal wie viel?	1
F	48 ist 6 mal wie viel?	8
G	0 ist 6 mal wie viel?	0
H	30 ist 6 mal wie viel?	5

3a

I	6 ist 6 mal wie viel?	1
J	42 ist 6 mal wie viel?	7
K	54 ist 6 mal wie viel?	9

Ende

3b

I	18 ist 6 mal wie viel?	3
J	60 ist 6 mal wie viel?	10
K	42 ist 6 mal wie viel?	7

Ende

© Brigg Pädagogik Verlag GmbH, Augsburg

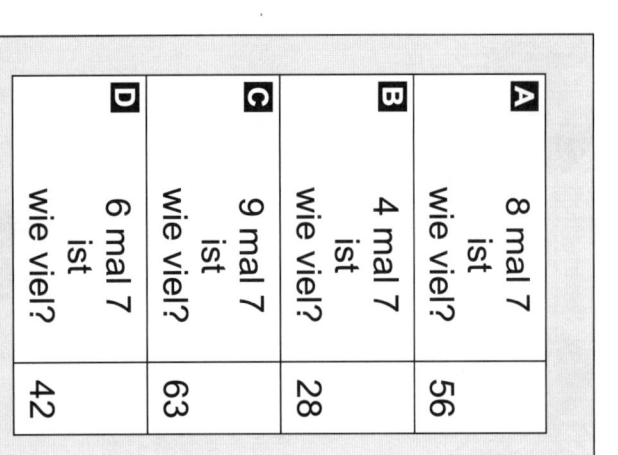

A

Partnerheft

Lies deinem Partner / deiner Partnerin die elf Aufgaben auf den folgenden drei Seiten vor und überprüfe, ob seine / ihre Antworten richtig sind. Drehe anschließend das Heft um und lass dir dann von deinem Partner / deiner Partnerin die anderen elf Aufgaben vorlesen.

Übungen zum Einmaleins der 7
Heft 1

B

Partnerheft

Lies deinem Partner / deiner Partnerin die elf Aufgaben auf den folgenden drei Seiten vor und überprüfe, ob seine / ihre Antworten richtig sind. Drehe anschließend das Heft um und lass dir dann von deinem Partner / deiner Partnerin die anderen elf Aufgaben vorlesen.

Übungen zum Einmaleins der 7
Heft 1

1a

A	8 mal 7 ist wie viel?	56
B	4 mal 7 ist wie viel?	28
C	9 mal 7 ist wie viel?	63
D	6 mal 7 ist wie viel?	42

1b

A	3 mal 7 ist wie viel?	21
B	1 mal 7 ist wie viel?	7
C	8 mal 7 ist wie viel?	56
D	5 mal 7 ist wie viel?	35

2a

E	2 mal 7 ist wie viel?	14
F	10 mal 7 ist wie viel?	70
G	3 mal 7 ist wie viel?	21
H	0 mal 7 ist wie viel?	0

2b

E	0 mal 7 ist wie viel?	0
F	7 mal 7 ist wie viel?	49
G	10 mal 7 ist wie viel?	70
H	4 mal 7 ist wie viel?	28

3a

I	7 mal 7 ist wie viel?	49
J	1 mal 7 ist wie viel?	7
K	5 mal 7 ist wie viel?	35

Ende

3b

I	9 mal 7 ist wie viel?	63
J	6 mal 7 ist wie viel?	42
K	2 mal 7 ist wie viel?	14

Ende

Michael Junga: Kopfrechnen in Freiarbeit · Übungen zum kleinen 1·1 · Best.Nr. 888

A

Partnerheft
Lernen (auch) zu zweit

Übungen zum Einmaleins der 7
Heft 2

Lies deinem Partner / deiner Partnerin die elf Aufgaben auf den folgenden drei Seiten vor und überprüfe, ob seine / ihre Antworten richtig sind. Drehe anschließend das Heft um und lass dir dann von deinem Partner / deiner Partnerin die anderen elf Aufgaben vorlesen.

(1a)

A	Wie viel ist 5 mal 7?	35
B	Wie viel ist 1 mal 7?	7
C	Wie viel ist 7 mal 7?	49
D	Wie viel ist 0 mal 7?	0

(2a)

E	Wie viel ist 3 mal 7?	21
F	wie viel ist 10 mal 7?	70
G	Wie viel ist 2 mal 7?	14
H	Wie viel ist 6 mal 7?	42

(3a)

Ende

I	Wie viel ist 9 mal 7?	63
J	Wie viel ist 4 mal 7?	28
K	Wie viel ist 8 mal 7?	56

B

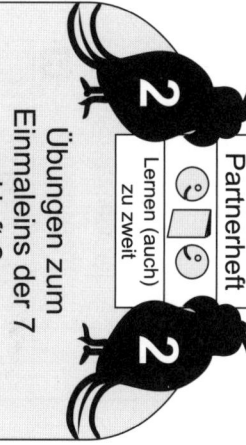

Partnerheft
Lernen (auch) zu zweit

Übungen zum Einmaleins der 7
Heft 2

Lies deinem Partner / deiner Partnerin die elf Aufgaben auf den folgenden drei Seiten vor und überprüfe, ob seine / ihre Antworten richtig sind. Drehe anschließend das Heft um und lass dir dann von deinem Partner / deiner Partnerin die anderen elf Aufgaben vorlesen.

(1b)

A	Wie viel ist 2 mal 7?	14
B	Wie viel ist 6 mal 7?	42
C	Wie viel ist 9 mal 7?	63
D	Wie viel ist 4 mal 7?	28

(2b)

E	Wie viel ist 10 mal 7?	70
F	Wie viel ist 7 mal 7?	49
G	Wie viel ist 0 mal 7?	0
H	Wie viel ist 5 mal 7?	35

(3b)

Ende

I	Wie viel ist 8 mal 7?	56
J	Wie viel ist 1 mal 7?	7
K	Wie viel ist 3 mal 7?	21

© Brigg Pädagogik Verlag GmbH, Augsburg

A

Partnerheft — Lernen (auch) zu zweit

Übungen zum Einmaleins der 7
Heft 3

Lies deinem Partner / deiner Partnerin die elf Aufgaben auf den folgenden drei Seiten vor und überprüfe, ob seine / ihre Antworten richtig sind. Drehe anschließend das Heft um und lass dir dann von deinem Partner / deiner Partnerin die anderen elf Aufgaben vorlesen.

1a

A	7 mal wie viel ist 56?	8
B	7 mal wie viel ist 28?	4
C	7 mal wie viel ist 63?	9
D	7 mal wie viel ist 42?	6

B

Partnerheft — Lernen (auch) zu zweit

Übungen zum Einmaleins der 7
Heft 3

Lies deinem Partner / deiner Partnerin die elf Aufgaben auf den folgenden drei Seiten vor und überprüfe, ob seine / ihre Antworten richtig sind. Drehe anschließend das Heft um und lass dir dann von deinem Partner / deiner Partnerin die anderen elf Aufgaben vorlesen.

1b

A	7 mal wie viel ist 21?	3
B	7 mal wie viel ist 7?	1
C	7 mal wie viel ist 56?	8
D	7 mal wie viel ist 35?	5

2a

E	7 mal wie viel ist 14?	2
F	7 mal wie viel ist 70?	10
G	7 mal wie viel ist 21?	3
H	7 mal wie viel ist 0?	0

2b

E	7 mal wie viel ist 0?	0
F	7 mal wie viel ist 49?	7
G	7 mal wie viel ist 70?	10
H	7 mal wie viel ist 28?	4

3a

I	7 mal wie viel ist 49?	7
J	7 mal wie viel ist 7?	1
K	7 mal wie viel ist 35?	5

Ende

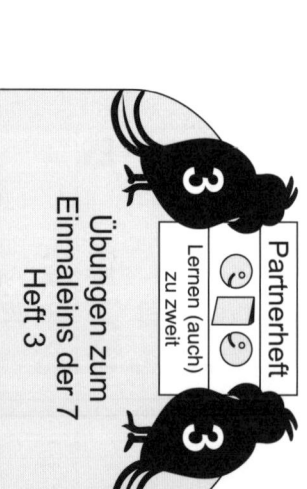

3b

I	7 mal wie viel ist 14?	2
J	7 mal wie viel ist 42?	6
K	7 mal wie viel ist 63?	9

Ende

Michael Junga: Kopfrechnen in Freiarbeit · Übungen zum kleinen 1·1 · Best.Nr. 888

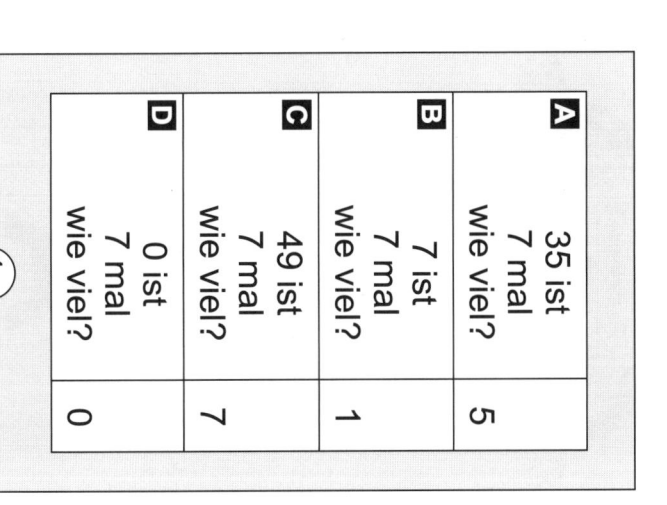

A

Partnerheft
Lernen (auch) zu zweit

Übungen zum Einmaleins der 7
Heft 4

Lies deinem Partner / deiner Partnerin die elf Aufgaben auf den folgenden drei Seiten vor und überprüfe, ob seine / ihre Antworten richtig sind. Drehe anschließend das Heft um und lass dir dann von deinem Partner / deiner Partnerin die anderen elf Aufgaben vorlesen.

A	35 ist 7 mal wie viel?	5
B	7 ist 7 mal wie viel?	1
C	49 ist 7 mal wie viel?	7
D	0 ist 7 mal wie viel?	0

1a

B

Partnerheft
Lernen (auch) zu zweit

Übungen zum Einmaleins der 7
Heft 4

Lies deinem Partner / deiner Partnerin die elf Aufgaben auf den folgenden drei Seiten vor und überprüfe, ob seine / ihre Antworten richtig sind. Drehe anschließend das Heft um und lass dir dann von deinem Partner / deiner Partnerin die anderen elf Aufgaben vorlesen.

E	21 ist 7 mal wie viel?	3
F	70 ist 7 mal wie viel?	10
G	14 ist 7 mal wie viel?	2
H	42 ist 7 mal wie viel?	6

2a

A	14 ist 7 mal wie viel?	2
B	42 ist 7 mal wie viel?	6
C	63 ist 7 mal wie viel?	9
D	28 ist 7 mal wie viel?	4

1b

I	63 ist 7 mal wie viel?	9
J	28 ist 7 mal wie viel?	4
K	56 ist 7 mal wie viel?	8

Ende

3a

E	70 ist 7 mal wie viel?	10
F	49 ist 7 mal wie viel?	7
G	0 ist 7 mal wie viel?	0
H	35 ist 7 mal wie viel?	5

2b

I	56 ist 7 mal wie viel?	8
J	21 ist 7 mal wie viel?	3
K	7 ist 7 mal wie viel?	1

Ende

3b

© Brigg Pädagogik Verlag GmbH, Augsburg

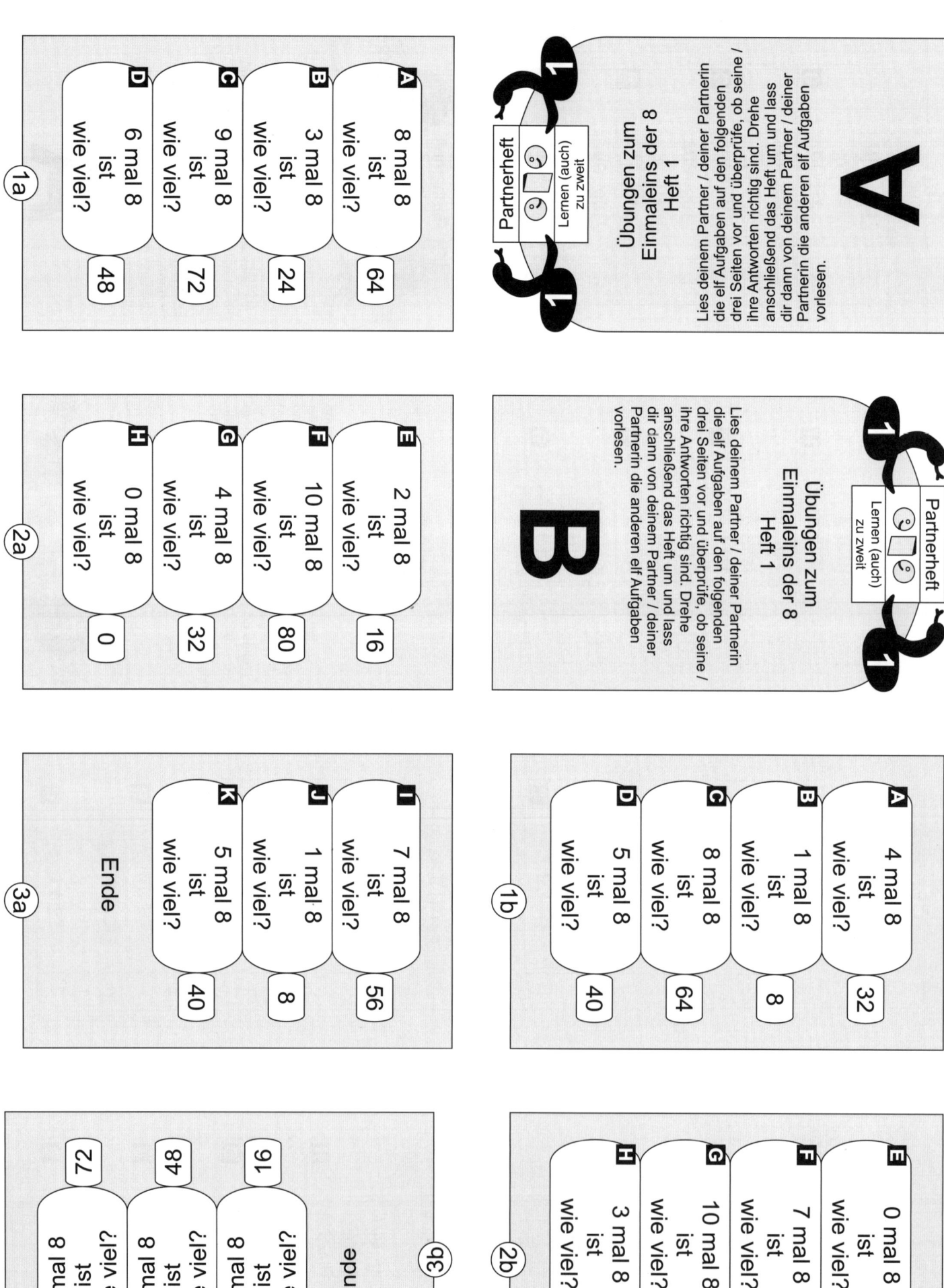

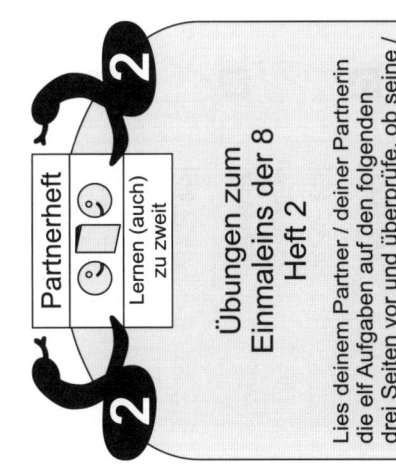

A

Übungen zum
Einmaleins der 8
Heft 2

Partnerheft — Lernen (auch) zu zweit

Lies deinem Partner / deiner Partnerin die elf Aufgaben auf den folgenden drei Seiten vor und überprüfe, ob seine / ihre Antworten richtig sind. Drehe anschließend das Heft um und lass dir dann von deinem Partner / deiner Partnerin die anderen elf Aufgaben vorlesen.

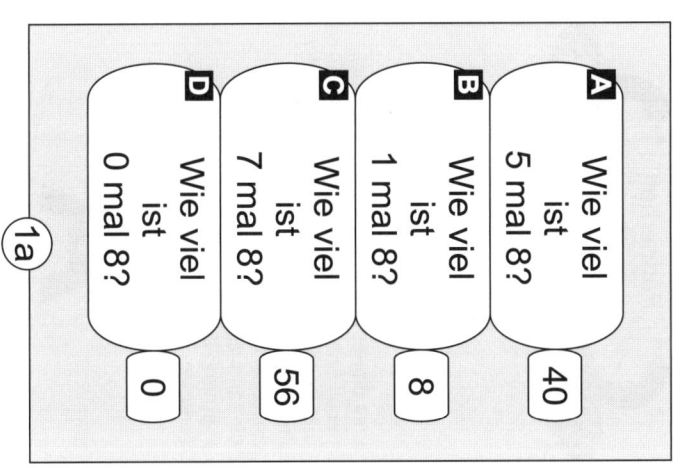

1a
- A: Wie viel ist 5 mal 8? — 40
- B: Wie viel ist 1 mal 8? — 8
- C: Wie viel ist 7 mal 8? — 56
- D: Wie viel ist 0 mal 8? — 0

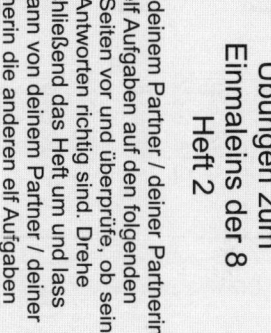

B

Übungen zum
Einmaleins der 8
Heft 2

Partnerheft — Lernen (auch) zu zweit

Lies deinem Partner / deiner Partnerin die elf Aufgaben auf den folgenden drei Seiten vor und überprüfe, ob seine / ihre Antworten richtig sind. Drehe anschließend das Heft um und lass dir dann von deinem Partner / deiner Partnerin die anderen elf Aufgaben vorlesen.

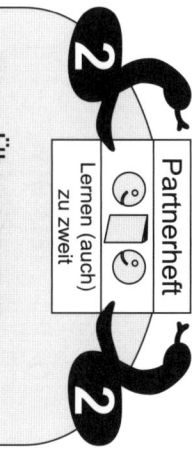

2a
- E: Wie viel ist 4 mal 8? — 32
- F: wie viel ist 10 mal 8? — 80
- G: Wie viel ist 2 mal 8? — 16
- H: Wie viel ist 6 mal 8? — 48

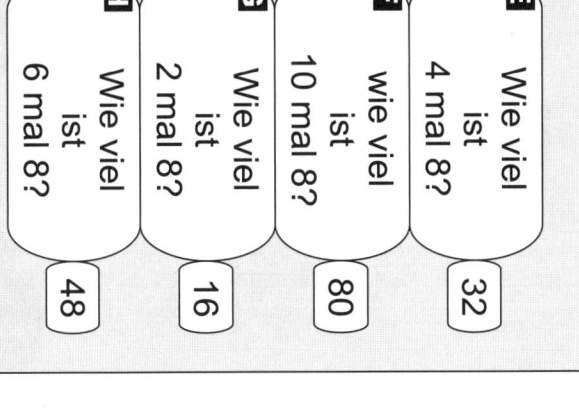

1b
- A: Wie viel ist 2 mal 8? — 16
- B: Wie viel ist 6 mal 8? — 48
- C: Wie viel ist 9 mal 8? — 72
- D: Wie viel ist 4 mal 8? — 32

3a
- I: Wie viel ist 9 mal 8? — 72
- J: Wie viel ist 3 mal 8? — 24
- K: Wie viel ist 8 mal 8? — 64
- Ende

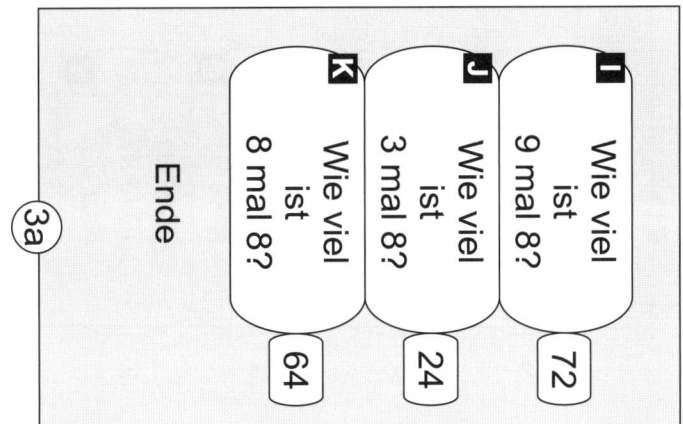

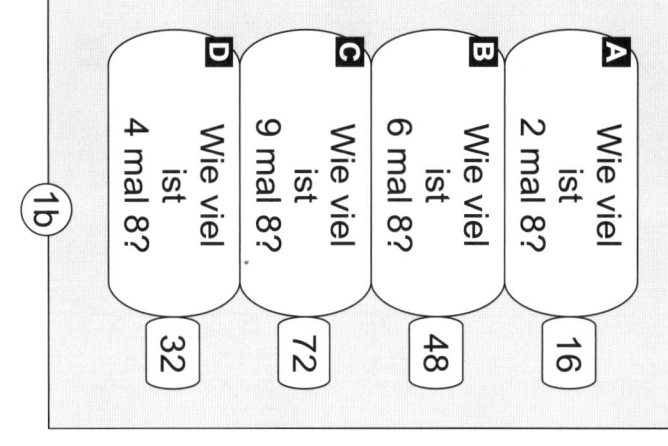

2b
- E: Wie viel ist 10 mal 8? — 80
- F: Wie viel ist 7 mal 8? — 56
- G: Wie viel ist 0 mal 8? — 0
- H: Wie viel ist 5 mal 8? — 40

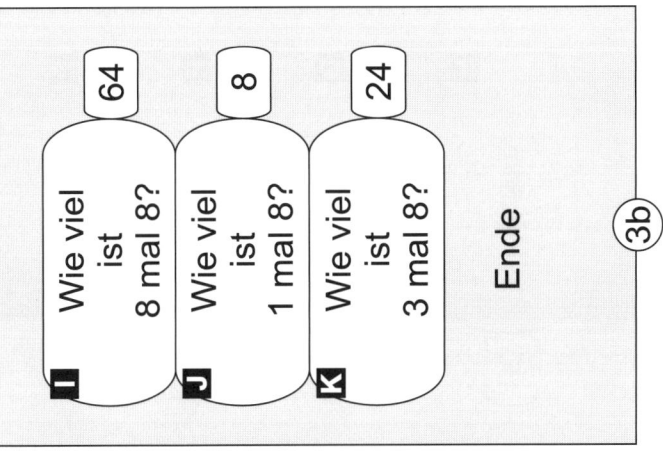

3b
- I: Wie viel ist 8 mal 8? — 64
- J: Wie viel ist 1 mal 8? — 8
- K: Wie viel ist 3 mal 8? — 24
- Ende

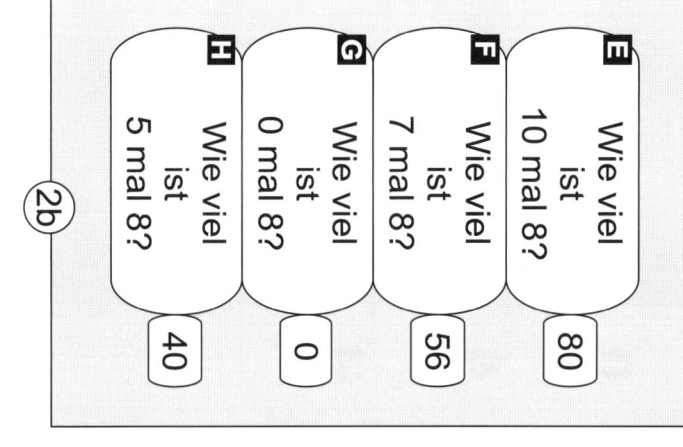

© Brigg Pädagogik Verlag GmbH, Augsburg

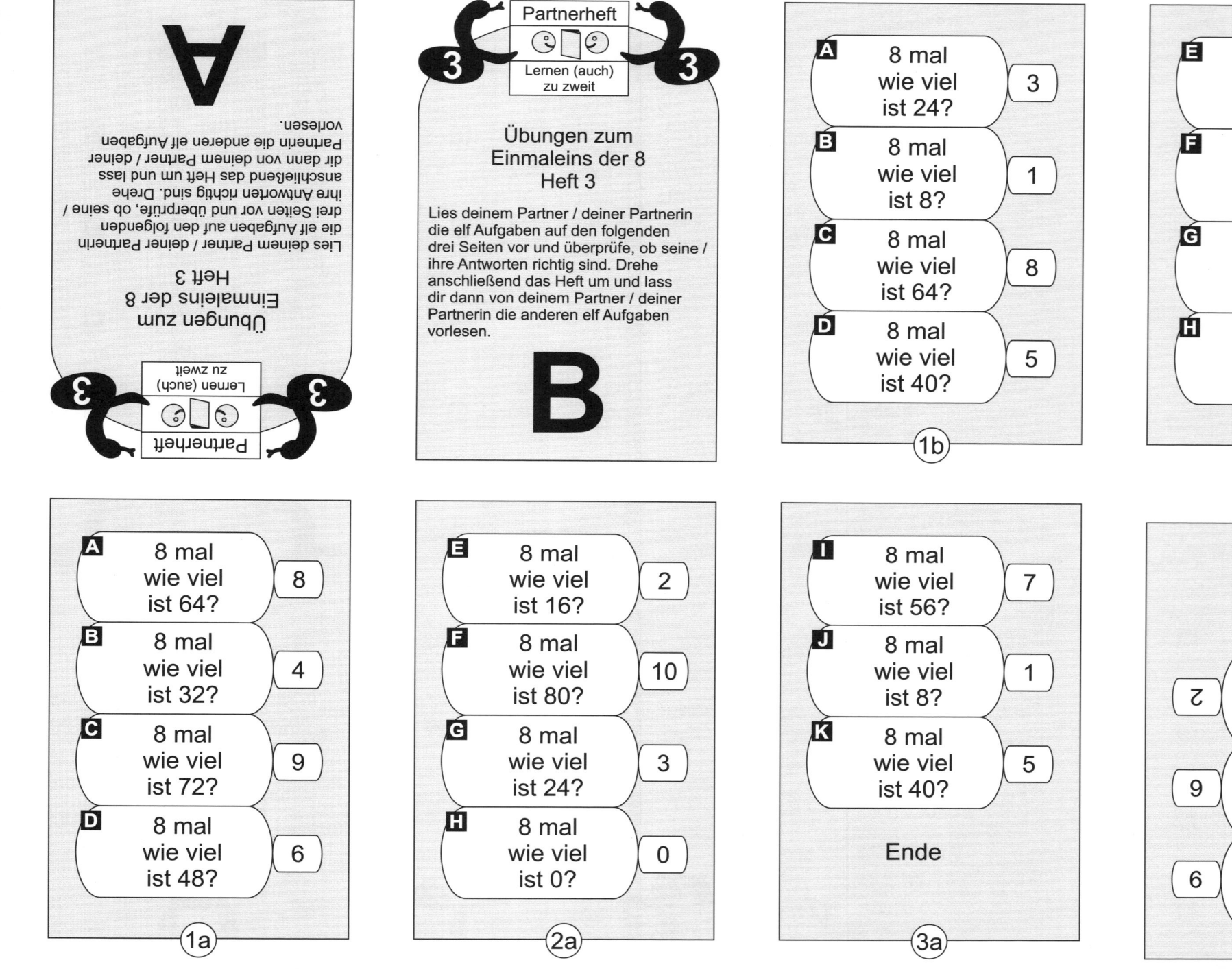

A

Übungen zum
Einmaleins der 8
Heft 3

Lies deinem Partner / deiner Partnerin die elf Aufgaben auf den folgenden drei Seiten vor und überprüfe, ob seine / ihre Antworten richtig sind. Drehe anschließend das Heft um und lass dir dann von deinem Partner / deiner Partnerin die anderen elf Aufgaben vorlesen.

Partnerheft — Lernen (auch) zu zweit

1a
- A: 8 mal wie viel ist 64? → 8
- B: 8 mal wie viel ist 32? → 4
- C: 8 mal wie viel ist 72? → 9
- D: 8 mal wie viel ist 48? → 6

B

Übungen zum
Einmaleins der 8
Heft 3

Lies deinem Partner / deiner Partnerin die elf Aufgaben auf den folgenden drei Seiten vor und überprüfe, ob seine / ihre Antworten richtig sind. Drehe anschließend das Heft um und lass dir dann von deinem Partner / deiner Partnerin die anderen elf Aufgaben vorlesen.

Partnerheft — Lernen (auch) zu zweit

2a
- E: 8 mal wie viel ist 16? → 2
- F: 8 mal wie viel ist 80? → 10
- G: 8 mal wie viel ist 24? → 3
- H: 8 mal wie viel ist 0? → 0

1b
- A: 8 mal wie viel ist 24? → 3
- B: 8 mal wie viel ist 8? → 1
- C: 8 mal wie viel ist 64? → 8
- D: 8 mal wie viel ist 40? → 5

3a
- I: 8 mal wie viel ist 56? → 7
- J: 8 mal wie viel ist 8? → 1
- K: 8 mal wie viel ist 40? → 5
- Ende

2b
- E: 8 mal wie viel ist 0? → 0
- F: 8 mal wie viel ist 56? → 7
- G: 8 mal wie viel ist 80? → 10
- H: 8 mal wie viel ist 32? → 4

3b
- I: 8 mal wie viel ist 72? → 9
- J: 8 mal wie viel ist 48? → 6
- K: 8 mal wie viel ist 16? → 2
- Ende

Michael Junga: Kopfrechnen in Freiarbeit · Übungen zum kleinen 1·1 · Best.Nr. 888

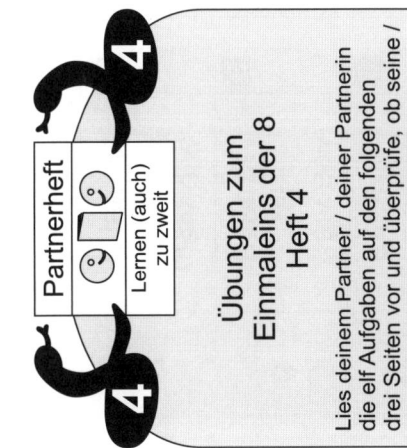

A

Partnerheft

Lernen (auch) zu zweit

Übungen zum
Einmaleins der 8
Heft 4

Lies deinem Partner / deiner Partnerin die elf Aufgaben auf den folgenden drei Seiten vor und überprüfe, ob seine / ihre Antworten richtig sind. Drehe anschließend das Heft um und lass dir dann von deinem Partner / deiner Partnerin die anderen elf Aufgaben vorlesen.

Partnerheft

Lernen (auch) zu zweit

Übungen zum
Einmaleins der 8
Heft 4

Lies deinem Partner / deiner Partnerin die elf Aufgaben auf den folgenden drei Seiten vor und überprüfe, ob seine / ihre Antworten richtig sind. Drehe anschließend das Heft um und lass dir dann von deinem Partner / deiner Partnerin die anderen elf Aufgaben vorlesen.

B

A 16 ist 8 mal wie viel? — 2

B 48 ist 8 mal wie viel? — 6

C 72 ist 8 mal wie viel? — 9

D 0 ist 8 mal wie viel? — 0

1b

E 80 ist 8 mal wie viel? — 10

F 56 ist 8 mal wie viel? — 7

G 24 ist 8 mal wie viel? — 3

H 40 ist 8 mal wie viel? — 5

2b

A 40 ist 8 mal wie viel? — 5

B 8 ist 8 mal wie viel? — 1

C 56 ist 8 mal wie viel? — 7

D 0 ist 8 mal wie viel? — 0

1a

E 24 ist 8 mal wie viel? — 3

F 80 ist 8 mal wie viel? — 10

G 16 ist 8 mal wie viel? — 2

H 48 ist 8 mal wie viel? — 6

2a

I 72 ist 8 mal wie viel? — 9

J 32 ist 8 mal wie viel? — 4

K 64 ist 8mal wie viel? — 8

Ende

3a

3b

Ende

K 32 ist 8 mal wie viel? — 4

J 8 ist 8 mal wie viel? — 1

I 64 ist 8 mal wie viel? — 8

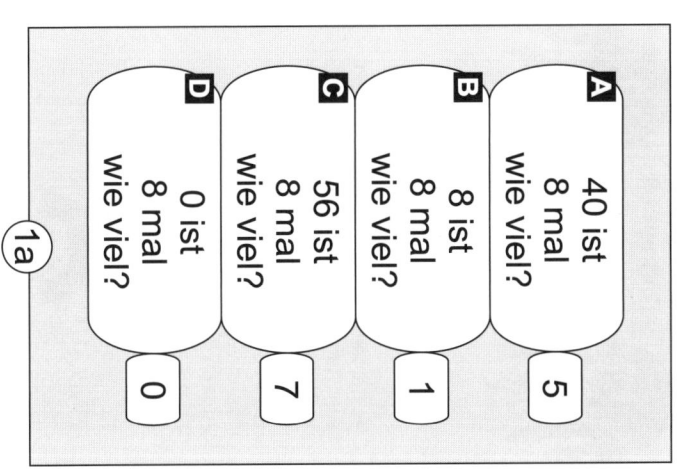

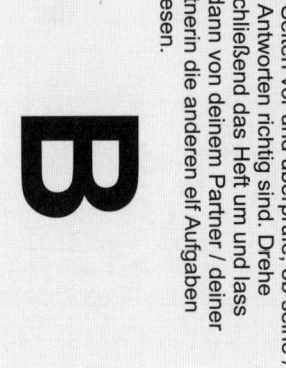

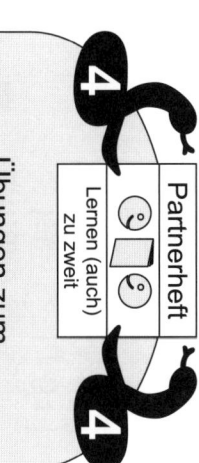

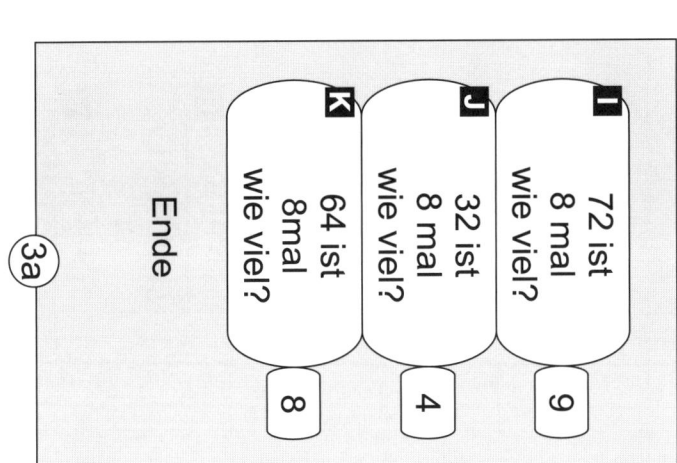

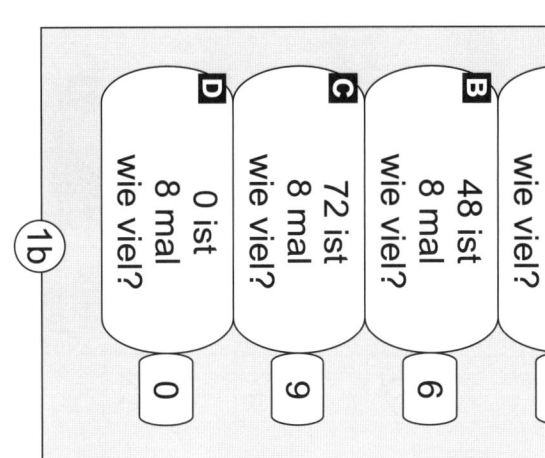

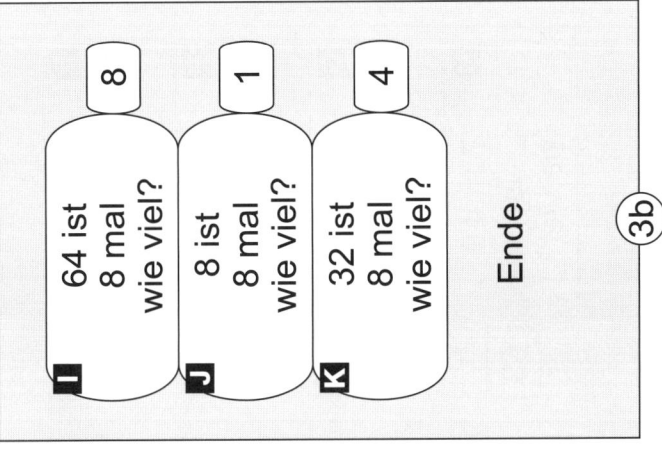

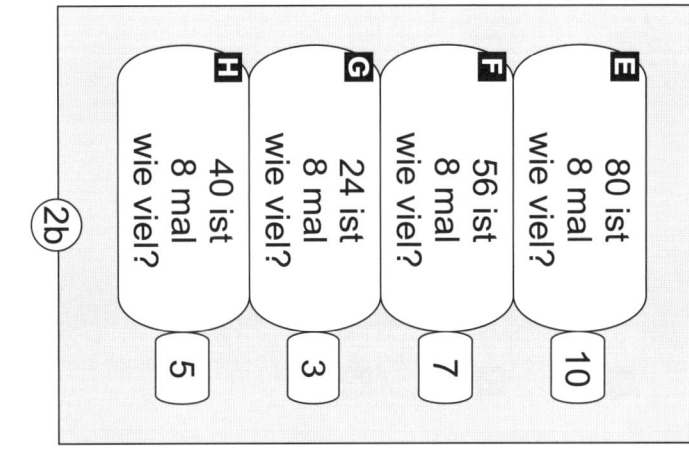

Partnerheft

Lernen (auch) zu zweit

Übungen zum
Einmaleins der 9
Heft 1

Lies deinem Partner / deiner Partnerin die elf Aufgaben auf den folgenden drei Seiten vor und überprüfe, ob seine / ihre Antworten richtig sind. Drehe anschließend das Heft um und lass dir dann von deinem Partner / deiner Partnerin die anderen elf Aufgaben vorlesen.

A

1a

A	3 mal 9 ist wie viel?	27
B	1 mal 9 ist wie viel?	9
C	7 mal 9 ist wie viel?	63
D	0 mal 9 ist wie viel?	0

2a

E	10 mal 9 ist wie viel?	90
F	4 mal 9 ist wie viel?	36
G	2 mal 9 ist wie viel?	18
H	6 mal 9 ist wie viel?	54

3a

I	9 mal 9 ist wie viel?	81
J	5 mal 9 ist wie viel?	45
K	8 mal 9 ist wie viel?	72

Ende

Partnerheft

Lernen (auch) zu zweit

Übungen zum
Einmaleins der 9
Heft 1

Lies deinem Partner / deiner Partnerin die elf Aufgaben auf den folgenden drei Seiten vor und überprüfe, ob seine / ihre Antworten richtig sind. Drehe anschließend das Heft um und lass dir dann von deinem Partner / deiner Partnerin die anderen elf Aufgaben vorlesen.

B

1b

A	2 mal 9 ist wie viel?	18
B	5 mal 9 ist wie viel?	45
C	8 mal 9 ist wie viel?	72
D	3 mal 9 ist wie viel?	27

2b

E	6 mal 9 ist wie viel?	54
F	9 mal 9 ist wie viel?	81
G	0 mal 9 ist wie viel?	0
H	7 mal 9 ist wie viel?	63

3b

I	1 mal 9 ist wie viel?	9
J	4 mal 9 ist wie viel?	36
K	10 mal 9 ist wie viel?	90

Ende

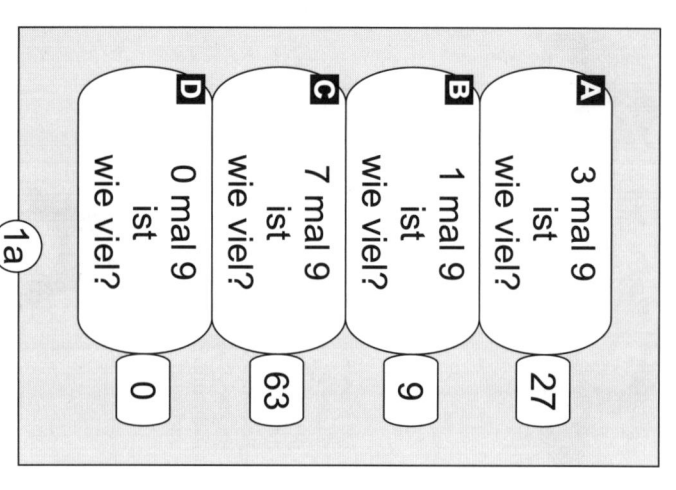

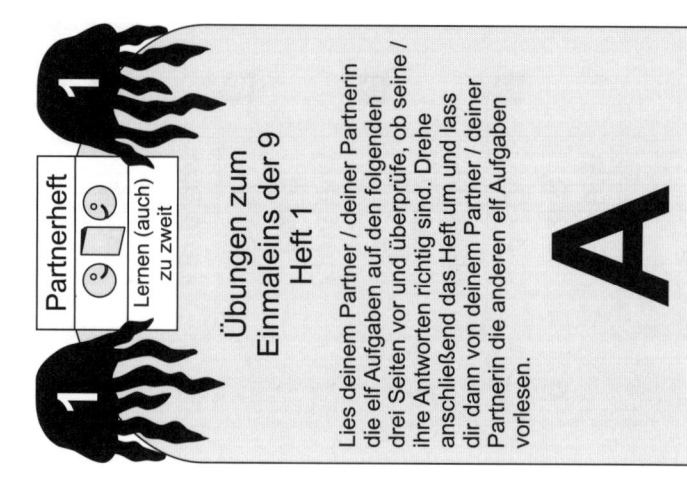

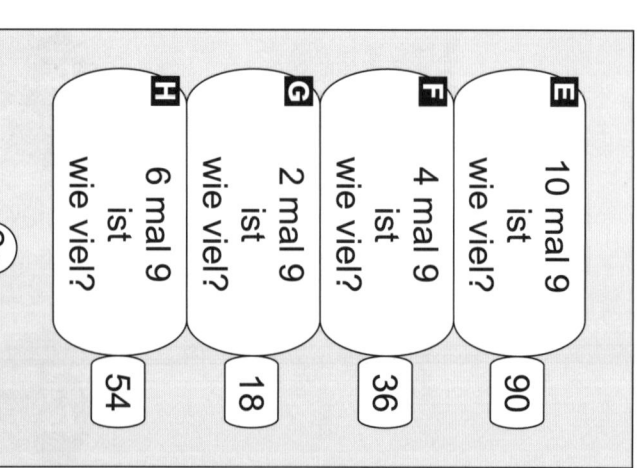

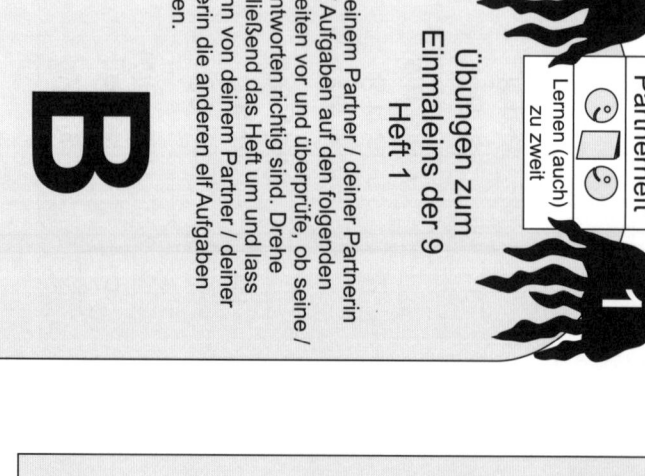

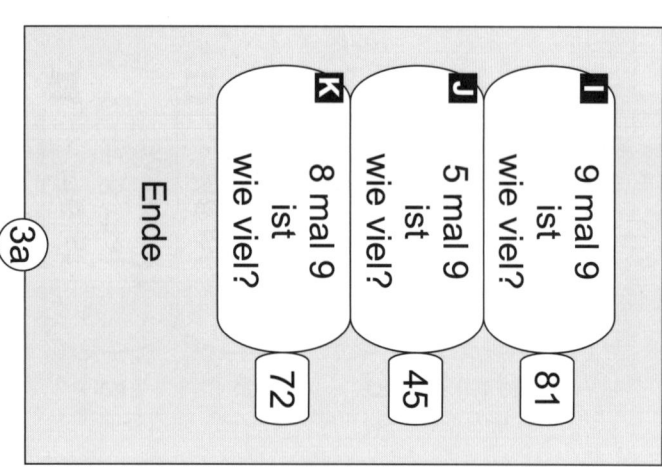

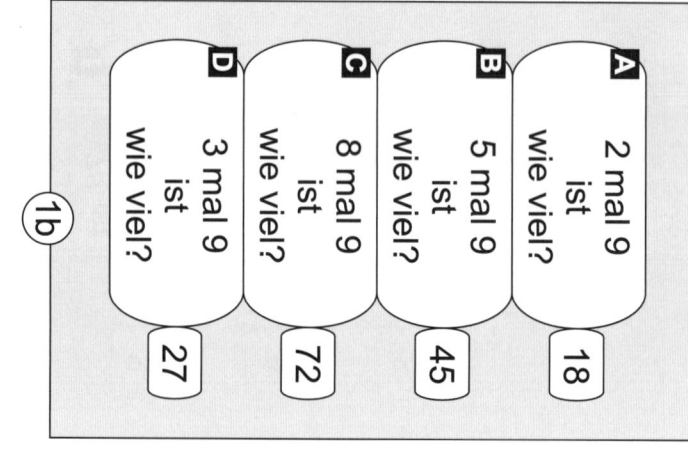

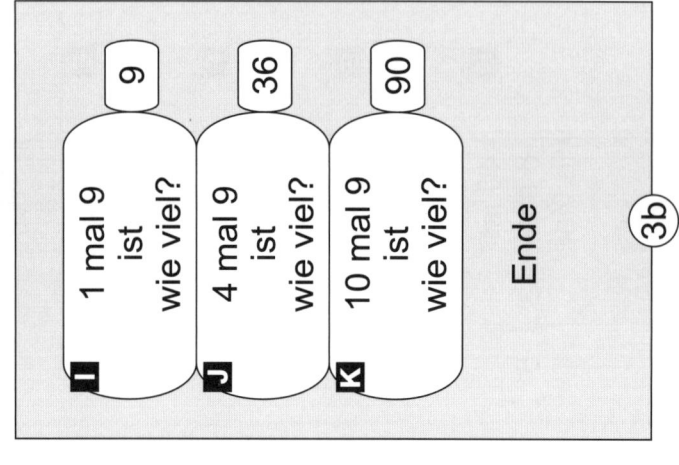

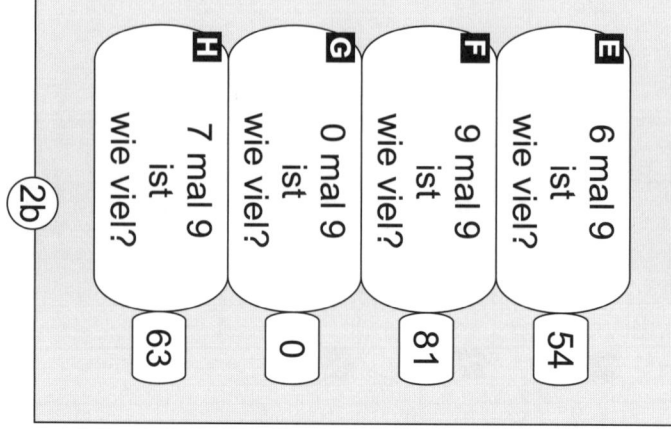

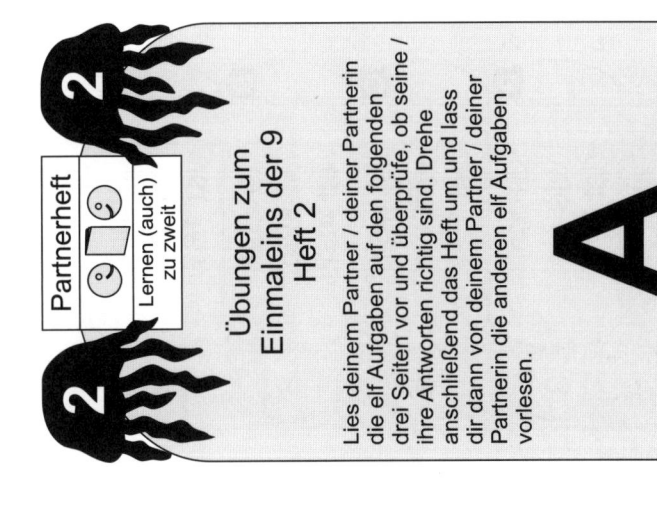
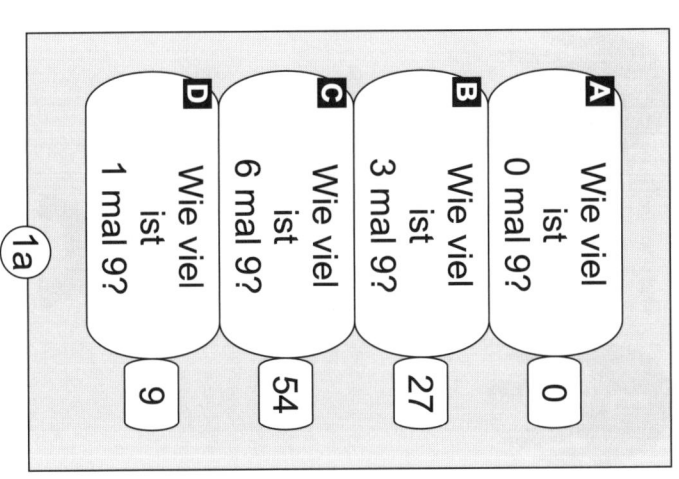
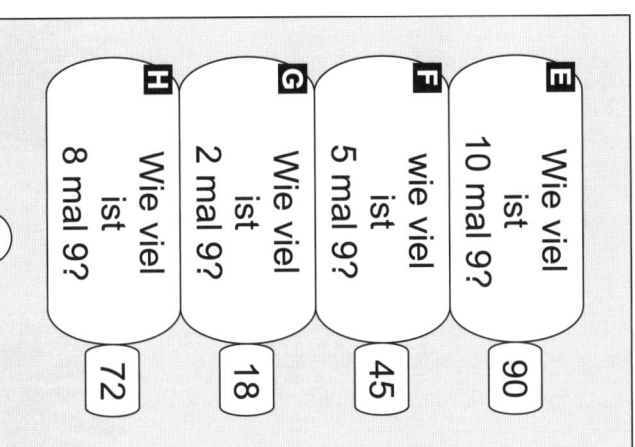
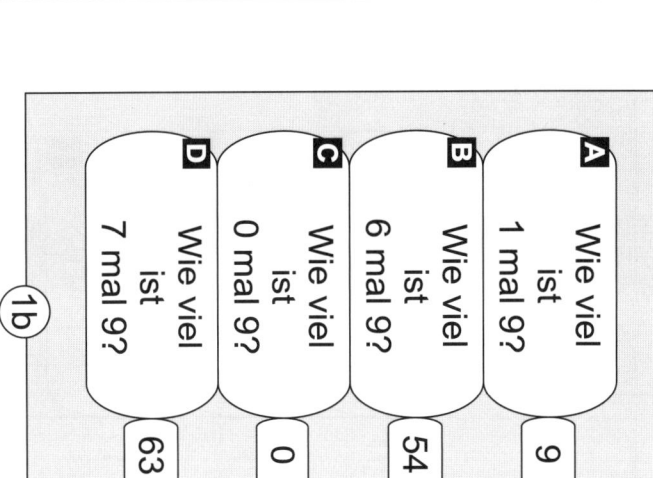
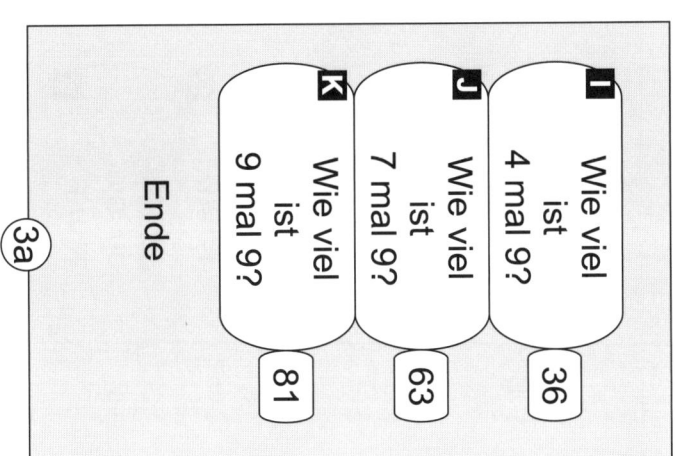
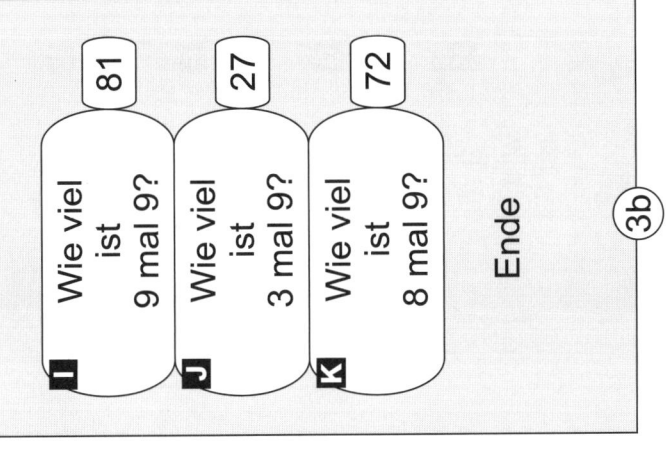

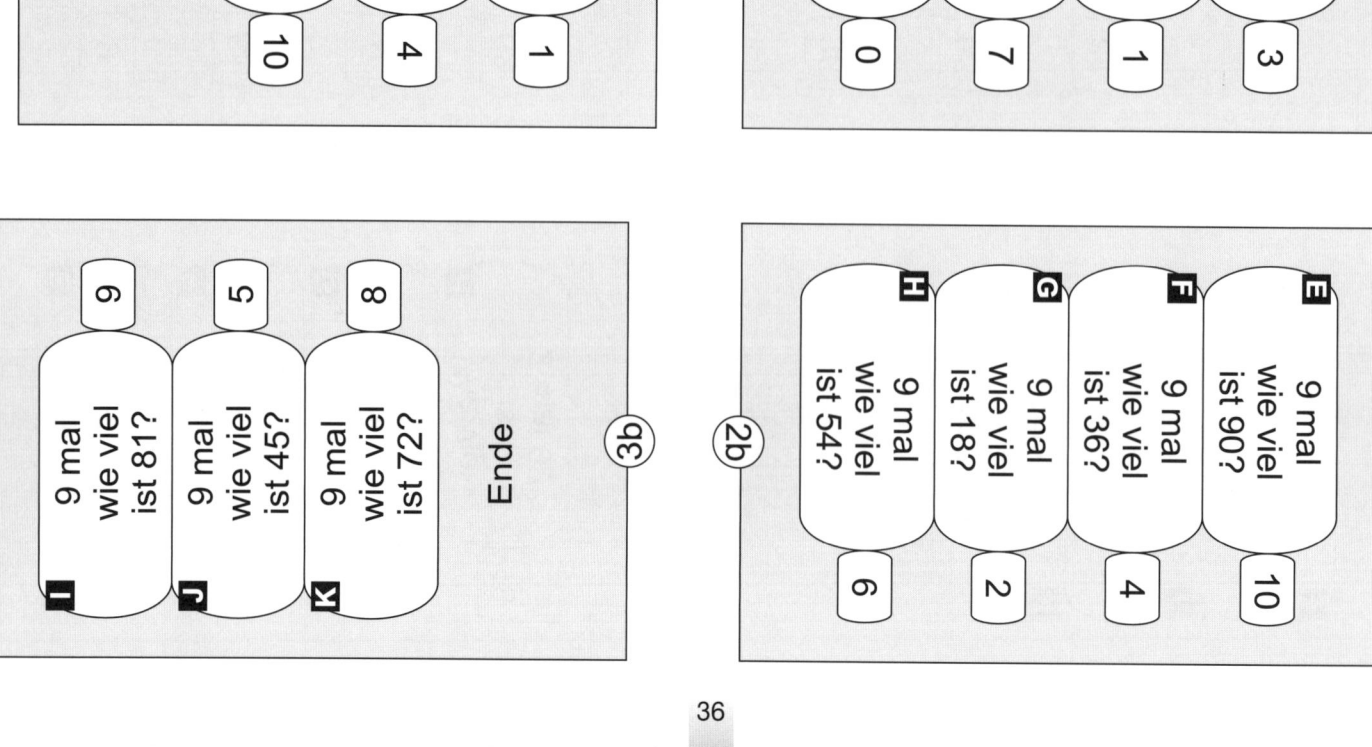

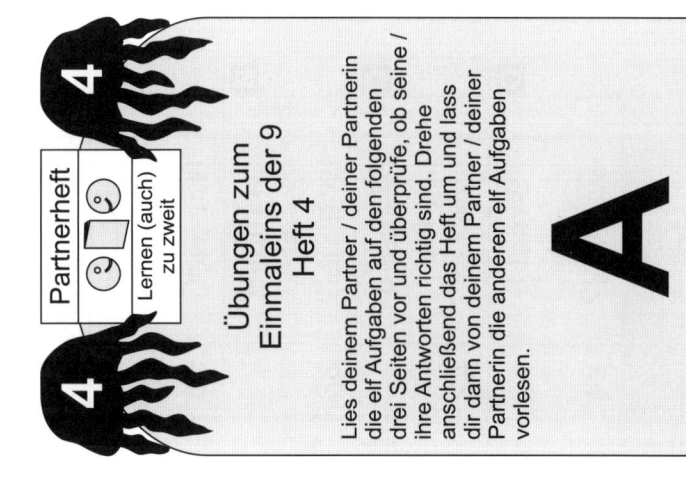

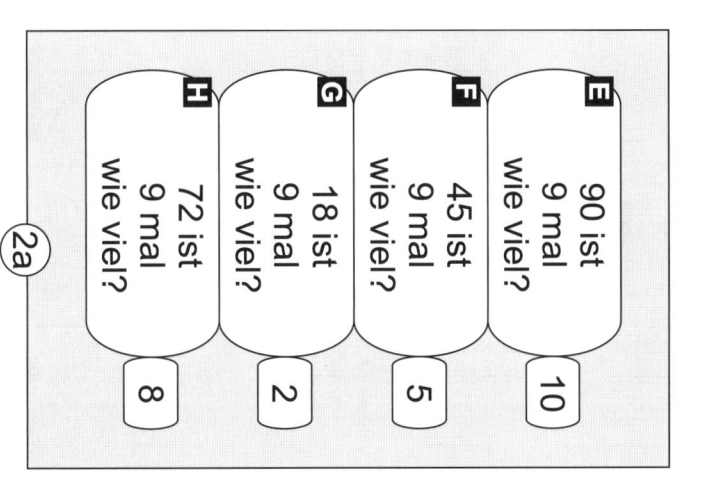

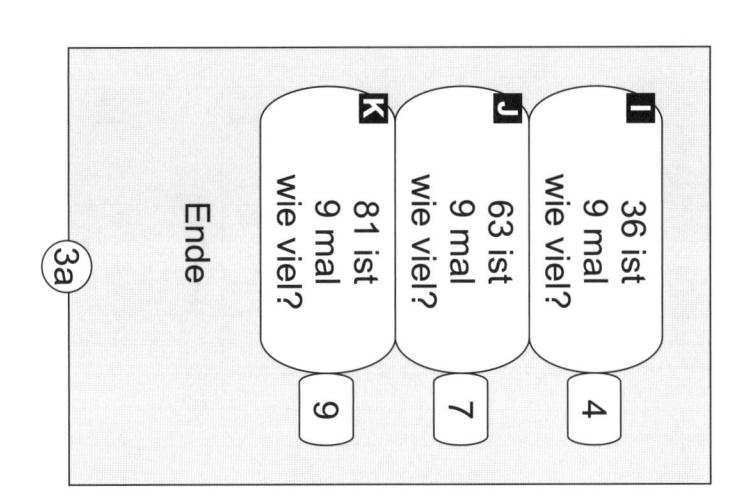

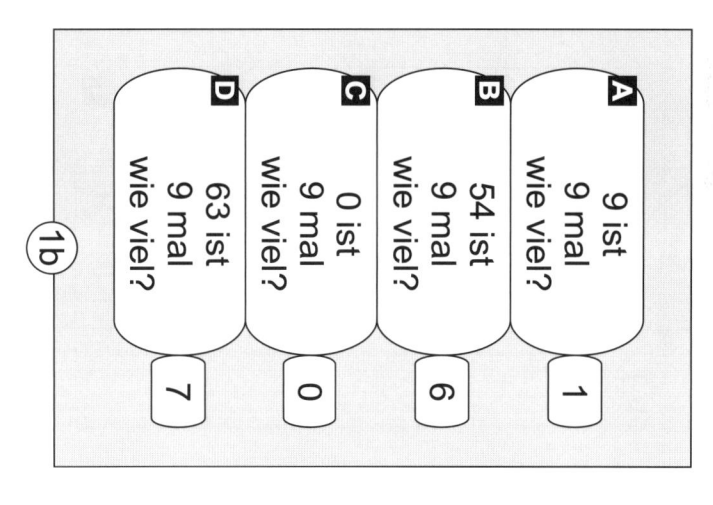

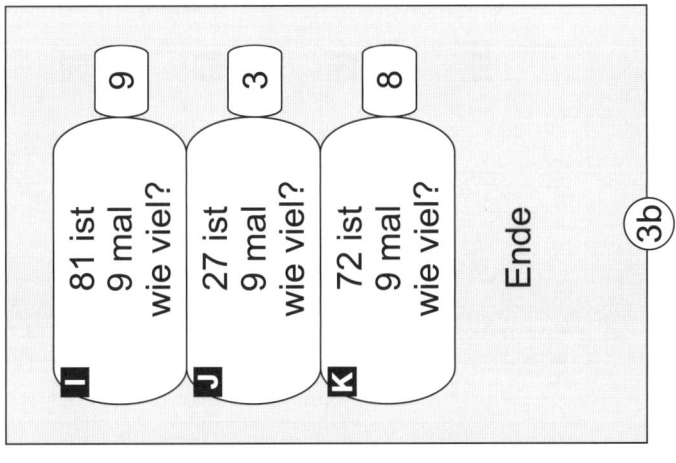

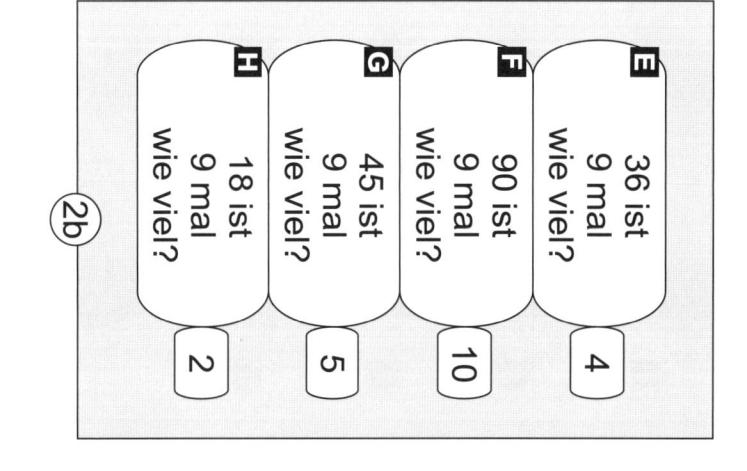

A

Übungen zum
Einmaleins der 9
Heft 4

Lies deinem Partner / deiner Partnerin die elf Aufgaben auf den folgenden drei Seiten vor und überprüfe, ob seine / ihre Antworten richtig sind. Drehe anschließend das Heft um und lass dir dann von deinem Partner / deiner Partnerin die anderen elf Aufgaben vorlesen.

Partnerheft — Lernen (auch) zu zweit

1a
- **A** 0 ist 9 mal wie viel? — 0
- **B** 27 ist 9 mal wie viel? — 3
- **C** 54 ist 9 mal wie viel? — 6
- **D** 9 ist 9 mal wie viel? — 1

2a
- **E** 90 ist 9 mal wie viel? — 10
- **F** 45 ist 9 mal wie viel? — 5
- **G** 18 ist 9 mal wie viel? — 2
- **H** 72 ist 9 mal wie viel? — 8

3a
- **I** 36 ist 9 mal wie viel? — 4
- **J** 63 ist 9 mal wie viel? — 7
- **K** 81 ist 9 mal wie viel? — 9
- Ende

B

Übungen zum
Einmaleins der 9
Heft 4

Lies deinem Partner / deiner Partnerin die elf Aufgaben auf den folgenden drei Seiten vor und überprüfe, ob seine / ihre Antworten richtig sind. Drehe anschließend das Heft um und lass dir dann von deinem Partner / deiner Partnerin die anderen elf Aufgaben vorlesen.

Partnerheft — Lernen (auch) zu zweit

1b
- **A** 9 ist 9 mal wie viel? — 1
- **B** 54 ist 9 mal wie viel? — 6
- **C** 0 ist 9 mal wie viel? — 0
- **D** 63 ist 9 mal wie viel? — 7

2b
- **E** 36 ist 9 mal wie viel? — 4
- **F** 90 ist 9 mal wie viel? — 10
- **G** 45 ist 9 mal wie viel? — 5
- **H** 18 ist 9 mal wie viel? — 2

3b
- **I** 81 ist 9 mal wie viel? — 9
- **J** 27 ist 9 mal wie viel? — 3
- **K** 72 ist 9 mal wie viel? — 8
- Ende

© Brigg Pädagogik Verlag GmbH, Augsburg

A

Partnerheft — Lernen (auch) zu zweit

Gemischte Einmaleinsaufgaben 1
Heft 1

Lies deinem Partner / deiner Partnerin die zwölf Aufgaben auf den folgenden drei Seiten vor und überprüfe, ob seine / ihre Antworten richtig sind. Drehe anschließend das Heft um und lass dir dann von deinem Partner / deiner Partnerin die anderen zwölf Aufgaben vorlesen.

(1a)

A	8 mal 7 ist wie viel?	56
B	4 mal 9 ist wie viel?	36
C	7 mal 6 ist wie viel?	42
D	3 mal 8 ist wie viel?	24

(2a)

E	5 mal 6 ist wie viel?	30
F	9 mal 2 ist wie viel?	18
G	6 mal 4 ist wie viel?	24
H	9 mal 7 ist wie viel?	63

(3a)

I	8 mal 4 ist wie viel?	32
J	5 mal 9 ist wie viel?	45
K	7 mal 5 ist wie viel?	35
L	6 mal 8 ist wie viel?	48

Ende

B

Partnerheft — Lernen (auch) zu zweit

Gemischte Einmaleinsaufgaben 1
Heft 1

Lies deinem Partner / deiner Partnerin die zwölf Aufgaben auf den folgenden drei Seiten vor und überprüfe, ob seine / ihre Antworten richtig sind. Drehe anschließend das Heft um und lass dir dann von deinem Partner / deiner Partnerin die anderen zwölf Aufgaben vorlesen.

(1b)

A	4 mal 6 ist wie viel?	24
B	8 mal 5 ist wie viel?	40
C	7 mal 4 ist wie viel?	28
D	6 mal 7 ist wie viel?	42

(2b)

E	3 mal 9 ist wie viel?	27
F	2 mal 8 ist wie viel?	16
G	4 mal 5 ist wie viel?	20
H	8 mal 6 ist wie viel?	48

(3b)

I	4 mal 6 ist wie viel?	36
J	7 mal 5 ist wie viel?	35
K	6 mal 9 ist wie viel?	54
L	8 mal 4 ist wie viel?	32

Ende

Michael Junga: Kopfrechnen in Freiarbeit · Übungen zum kleinen 1·1 · Best.Nr. 888

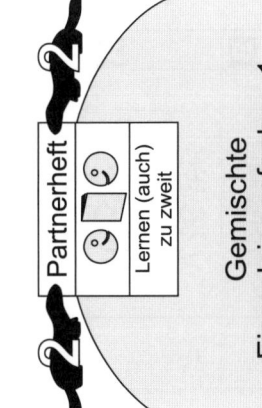

A

Gemischte
Einmaleinsaufgaben 1
Heft 2

Partnerheft

Lernen (auch)
zu zweit

Lies deinem Partner / deiner Partnerin die zwölf Aufgaben auf den folgenden drei Seiten vor und überprüfe, ob seine / ihre Antworten richtig sind. Drehe anschließend das Heft um und lass dir dann von deinem Partner / deiner Partnerin die anderen zwölf Aufgaben vorlesen.

B

Gemischte
Einmaleinsaufgaben 1
Heft 2

Partnerheft

Lernen (auch)
zu zweit

Lies deinem Partner / deiner Partnerin die zwölf Aufgaben auf den folgenden drei Seiten vor und überprüfe, ob seine / ihre Antworten richtig sind. Drehe anschließend das Heft um und lass dir dann von deinem Partner / deiner Partnerin die anderen zwölf Aufgaben vorlesen.

1a

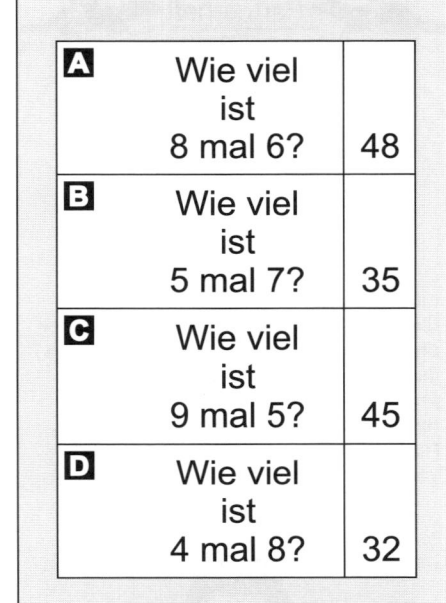

A	Wie viel ist 8 mal 6?	48
B	Wie viel ist 5 mal 7?	35
C	Wie viel ist 9 mal 5?	45
D	Wie viel ist 4 mal 8?	32

2a

E	Wie viel ist 7 mal 9?	63
F	wie viel ist 4 mal 6?	24
G	Wie viel ist 2 mal 9?	18
H	Wie viel ist 6 mal 5?	30

3a

I	Wie viel ist 8 mal 10?	80
J	Wie viel ist 6 mal 7?	42
K	Wie viel ist 9 mal 4?	36
L	Wie viel ist 7 mal 8?	56

Ende

1b

A	Wie viel ist 8 mal 4?	32
B	Wie viel ist 9 mal 6?	54
C	Wie viel ist 7 mal 5?	35
D	Wie viel ist 4 mal 9?	36

2b

E	Wie viel ist 6 mal 8?	48
F	Wie viel ist 5 mal 4?	20
G	Wie viel ist 8 mal 2?	16
H	Wie viel ist 9 mal 3?	27

3b

I	Wie viel ist 7 mal 6?	42
J	Wie viel ist 4 mal 7?	28
K	Wie viel ist 5 mal 8?	40
L	Wie viel ist 6 mal 4?	24

Ende

A

Gemischte Einmaleinsaufgaben 1 Heft 3

Lies deinem Partner / deiner Partnerin die zwölf Aufgaben auf den folgenden drei Seiten vor und überprüfe, ob seine / ihre Antworten richtig sind. Drehe anschließend das Heft um und lass dir dann von deinem Partner / deiner Partnerin die anderen zwölf Aufgaben vorlesen.

Partnerheft — Lernen (auch) zu zweit

1a

A	8 mal wie viel ist 32?	4
B	4 mal wie viel ist 36?	9
C	7 mal wie viel ist 42?	6
D	3 mal wie viel ist 24?	8

B

Gemischte Einmaleinsaufgaben 1 Heft 3

Lies deinem Partner / deiner Partnerin die zwölf Aufgaben auf den folgenden drei Seiten vor und überprüfe, ob seine / ihre Antworten richtig sind. Drehe anschließend das Heft um und lass dir dann von deinem Partner / deiner Partnerin die anderen zwölf Aufgaben vorlesen.

Partnerheft — Lernen (auch) zu zweit

1b

A	4 mal wie viel ist 24?	6
B	8 mal wie viel ist 40?	5
C	7 mal wie viel ist 28?	4
D	6 mal wie viel ist 42?	7

2a

E	5 mal wie viel ist 30?	6
F	9 mal wie viel ist 18?	2
G	7 mal wie viel ist 35?	5
H	6 mal wie viel ist 24?	4

2b

E	3 mal wie viel ist 27?	9
F	2 mal wie viel ist 16?	8
G	4 mal wie viel ist 20?	5
H	8 mal wie viel ist 48?	6

3a

I	8 mal wie viel ist 56?	7
J	5 mal wie viel ist 45?	9
K	9 mal wie viel ist 63?	7
L	6 mal wie viel ist 48?	8

Ende

3b

I	6 mal wie viel ist 36?	6
J	5 mal wie viel ist 35?	7
K	9 mal wie viel ist 54?	6
L	4 mal wie viel ist 32?	8

Ende

Michael Junga: Kopfrechnen in Freiarbeit · Übungen zum kleinen 1·1 · Best Nr. 888

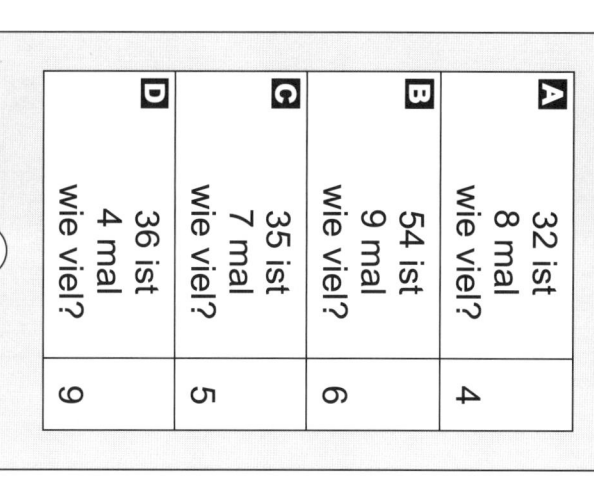

A

Partnerheft 4 — Lernen (auch) zu zweit

Gemischte Einmaleinsaufgaben 1
Heft 4

Lies deinem Partner / deiner Partnerin die zwölf Aufgaben auf den folgenden drei Seiten vor und überprüfe, ob seine / ihre Antworten richtig sind. Drehe anschließend das Heft um und lass dir dann von deinem Partner / deiner Partnerin die anderen zwölf Aufgaben vorlesen.

B

Partnerheft 4 — Lernen (auch) zu zweit

Gemischte Einmaleinsaufgaben 1
Heft 4

Lies deinem Partner / deiner Partnerin die zwölf Aufgaben auf den folgenden drei Seiten vor und überprüfe, ob seine / ihre Antworten richtig sind. Drehe anschließend das Heft um und lass dir dann von deinem Partner / deiner Partnerin die anderen zwölf Aufgaben vorlesen.

1a

A	48 ist 8 mal wie viel?	6
B	35 ist 5 mal wie viel?	7
C	45 ist 9 mal wie viel?	5
D	32 ist 4 mal wie viel?	8

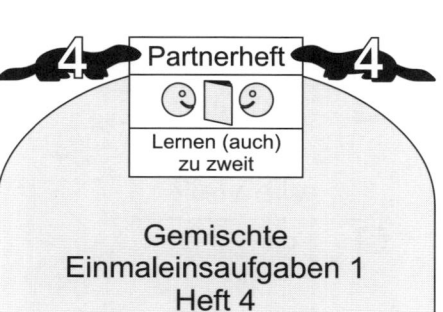

2a

E	63 ist 7 mal wie viel?	9
F	24 ist 4 mal wie viel?	6
G	18 ist 2 mal wie viel?	9
H	30 ist 6 mal wie viel?	5

3a

I	80 ist 8 mal wie viel?	10
J	42 ist 6 mal wie viel?	7
K	36 ist 9 mal wie viel?	4
L	56 ist 7 mal wie viel?	8

Ende

1b

A	32 ist 8 mal wie viel?	4
B	54 ist 9 mal wie viel?	6
C	35 ist 7 mal wie viel?	5
D	36 ist 4 mal wie viel?	9

2b

E	48 ist 6 mal wie viel?	8
F	20 ist 5 mal wie viel?	4
G	16 ist 8 mal wie viel?	2
H	27 ist 9 mal wie viel?	3

3b

I	42 ist 7 mal wie viel?	6
J	28 ist 4 mal wie viel?	7
K	40 ist 5 mal wie viel?	8
L	24 ist 6 mal wie viel?	4

Ende

© Brigg Pädagogik Verlag GmbH, Augsburg

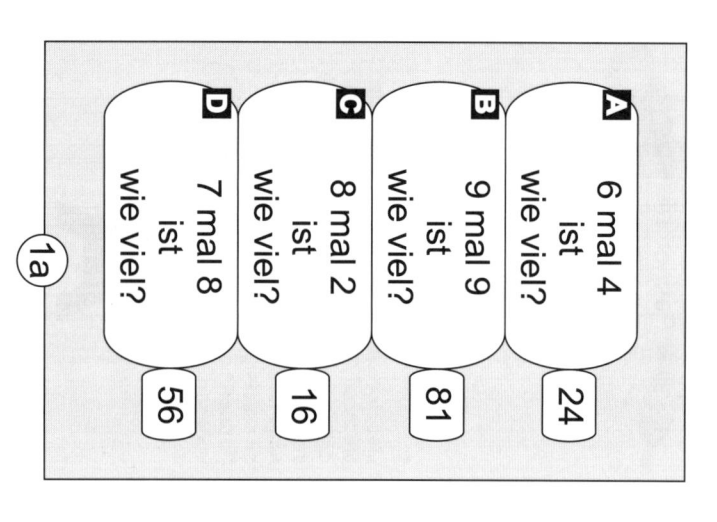

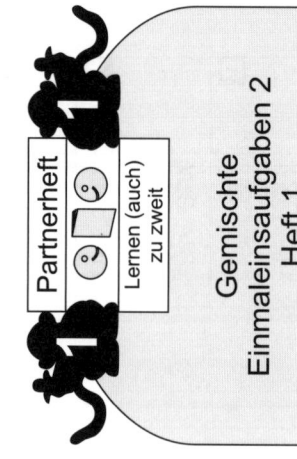

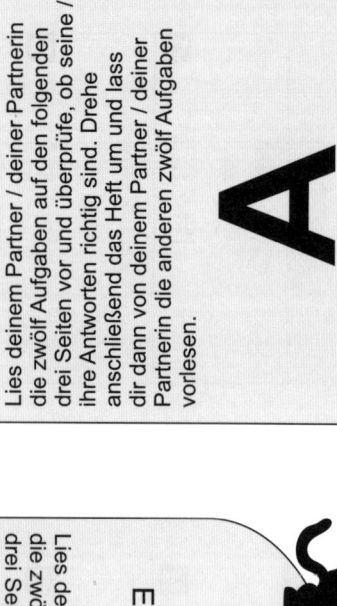

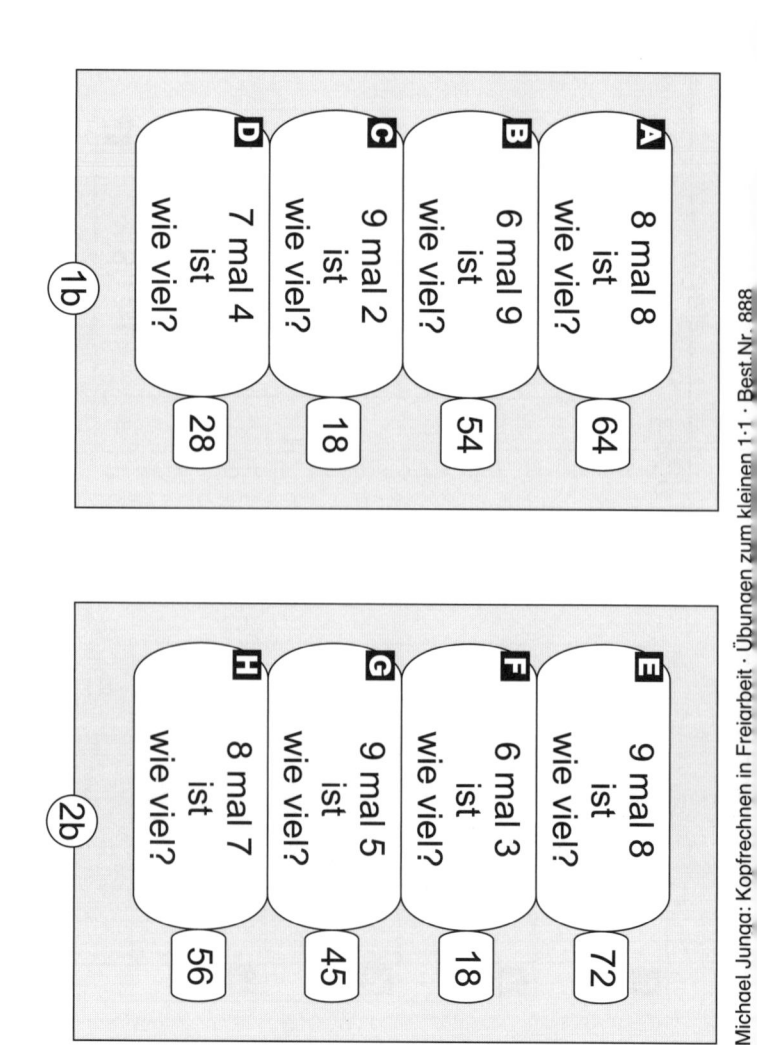

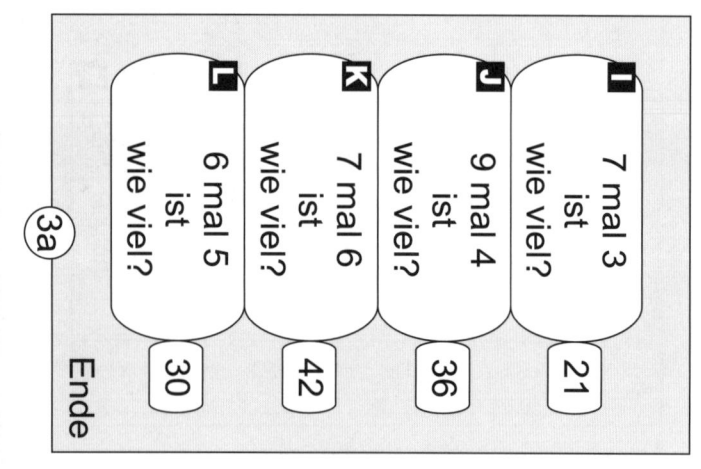

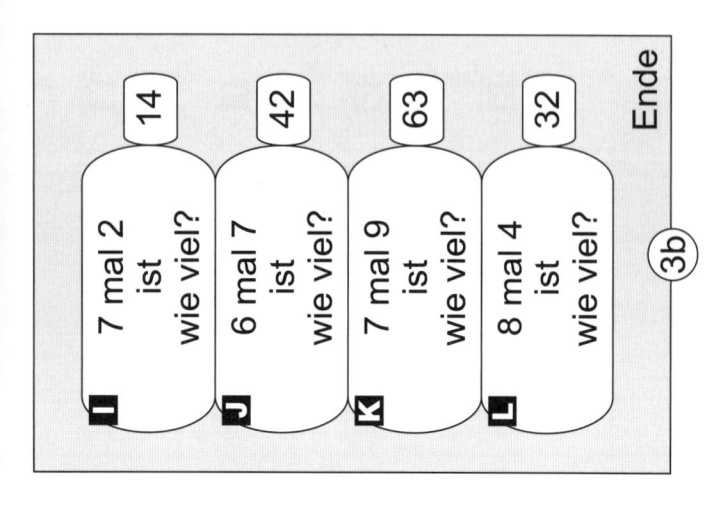

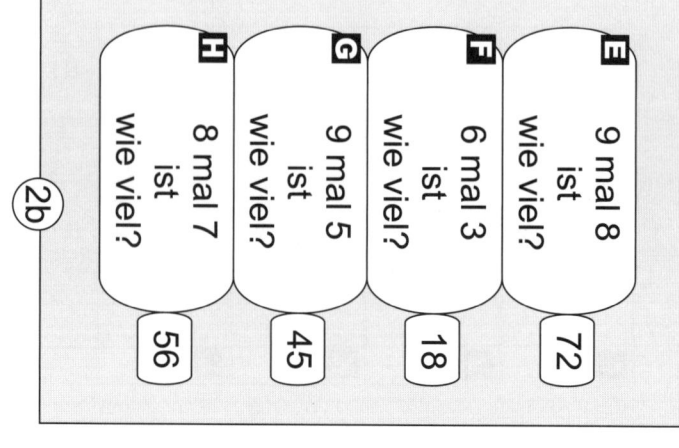

A

Gemischte Einmaleinsaufgaben 2
Heft 1

Lies deinem Partner / deiner Partnerin die zwölf Aufgaben auf den folgenden drei Seiten vor und überprüfe, ob seine / ihre Antworten richtig sind. Drehe anschließend das Heft um und lass dir dann von deinem Partner / deiner Partnerin die anderen zwölf Aufgaben vorlesen.

Partnerheft — Lernen (auch) zu zweit

1a
- **A** 6 mal 4 ist wie viel? — 24
- **B** 9 mal 9 ist wie viel? — 81
- **C** 8 mal 2 ist wie viel? — 16
- **D** 7 mal 8 ist wie viel? — 56

2a
- **E** 8 mal 3 ist wie viel? — 24
- **F** 9 mal 7 ist wie viel? — 63
- **G** 8 mal 9 ist wie viel? — 72
- **H** 6 mal 8 ist wie viel? — 48

3a
- **I** 7 mal 3 ist wie viel? — 21
- **J** 9 mal 4 ist wie viel? — 36
- **K** 7 mal 6 ist wie viel? — 42
- **L** 6 mal 5 ist wie viel? — 30

Ende

B

Gemischte Einmaleinsaufgaben 2
Heft 1

Lies deinem Partner / deiner Partnerin die zwölf Aufgaben auf den folgenden drei Seiten vor und überprüfe, ob seine / ihre Antworten richtig sind. Drehe anschließend das Heft um und lass dir dann von deinem Partner / deiner Partnerin die anderen zwölf Aufgaben vorlesen.

Partnerheft — Lernen (auch) zu zweit

1b
- **A** 8 mal 8 ist wie viel? — 64
- **B** 6 mal 9 ist wie viel? — 54
- **C** 9 mal 2 ist wie viel? — 18
- **D** 7 mal 4 ist wie viel? — 28

2b
- **E** 9 mal 8 ist wie viel? — 72
- **F** 6 mal 3 ist wie viel? — 18
- **G** 9 mal 5 ist wie viel? — 45
- **H** 8 mal 7 ist wie viel? — 56

3b
- **I** 7 mal 2 ist wie viel? — 14
- **J** 6 mal 7 ist wie viel? — 42
- **K** 9 mal 7 ist wie viel? — 63
- **L** 4 mal 8 ist wie viel? — 32

Ende

Michael Junga: Kopfrechnen in Freiarbeit · Übungen zum kleinen 1·1 · Best.Nr. 888

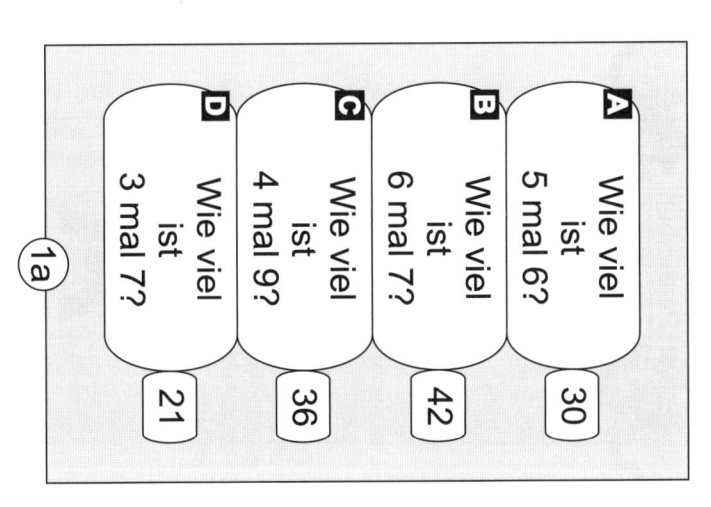

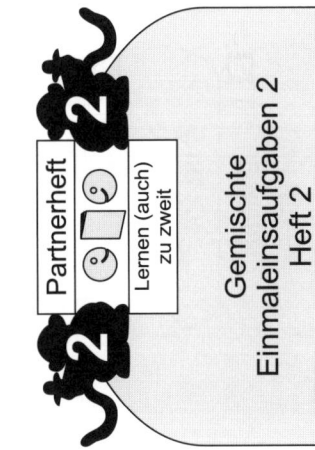

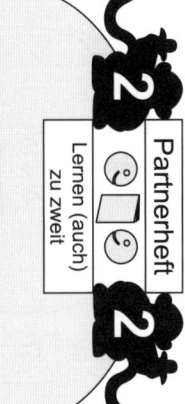

A

Gemischte Einmaleinsaufgaben 2
Heft 2

Partnerheft
Lernen (auch) zu zweit

Lies deinem Partner / deiner Partnerin die zwölf Aufgaben auf den folgenden drei Seiten vor und überprüfe, ob seine / ihre Antworten richtig sind. Drehe dir dann von deinem Partner / deiner Partnerin die anderen zwölf Aufgaben vorlesen.

1a

- **A** Wie viel ist 5 mal 6? — 30
- **B** Wie viel ist 6 mal 7? — 42
- **C** Wie viel ist 4 mal 9? — 36
- **D** Wie viel ist 3 mal 7? — 21

B

Gemischte Einmaleinsaufgaben 2
Heft 2

Partnerheft
Lernen (auch) zu zweit

Lies deinem Partner / deiner Partnerin die zwölf Aufgaben auf den folgenden drei Seiten vor und überprüfe, ob seine / ihre Antworten richtig sind. Drehe anschließend das Heft um und lass dir dann von deinem Partner / deiner Partnerin die anderen zwölf Aufgaben vorlesen.

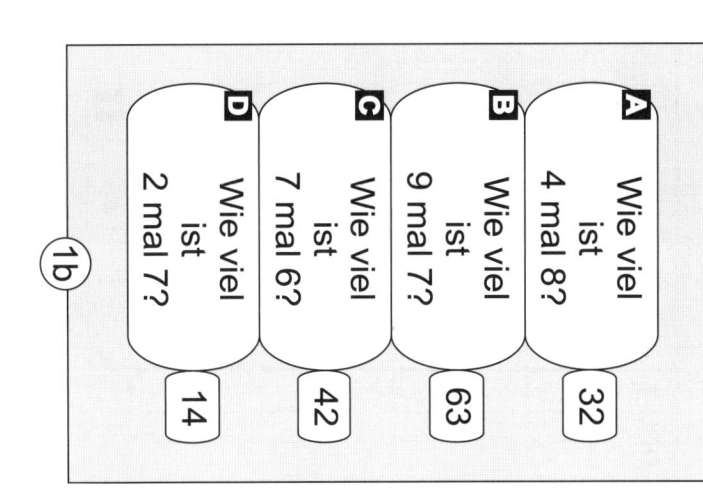

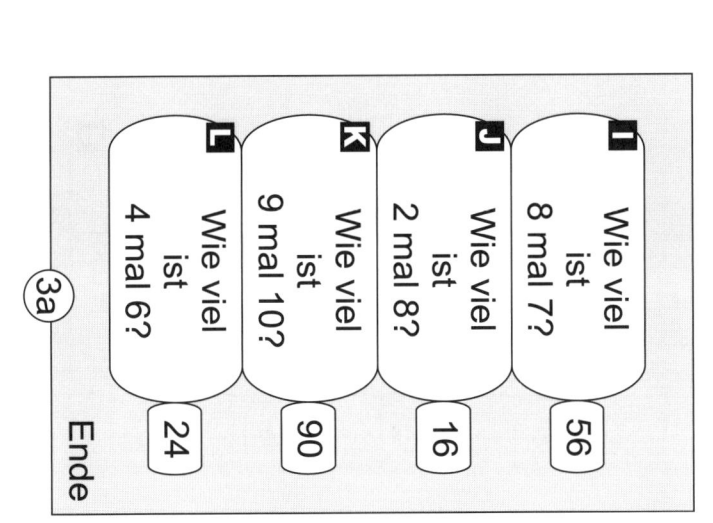

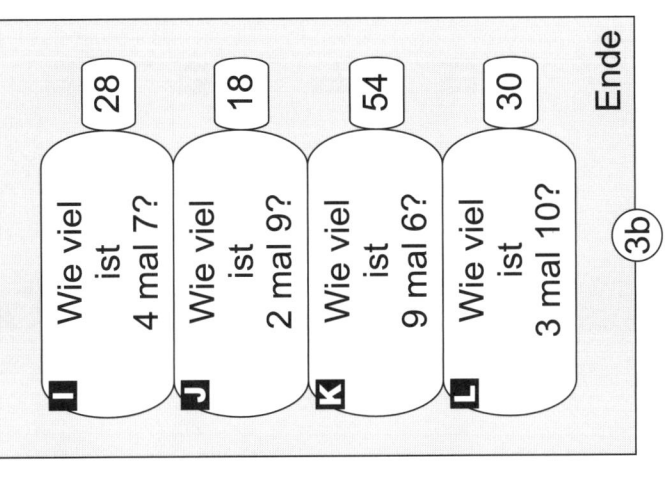

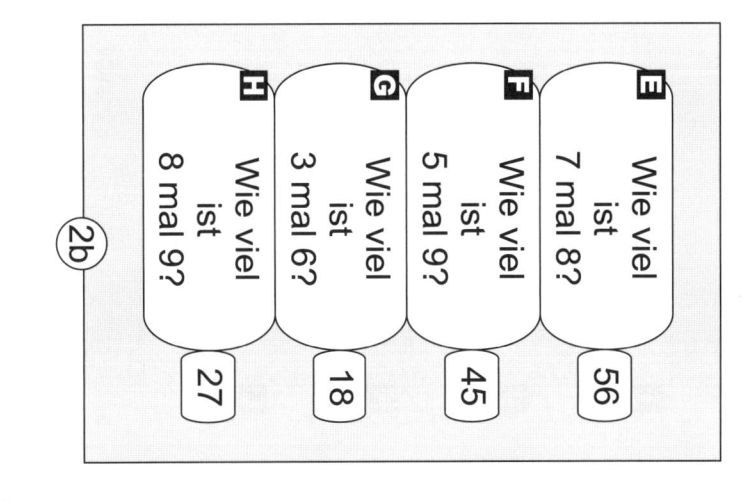

1b

- **A** Wie viel ist 4 mal 8? — 32
- **B** Wie viel ist 9 mal 7? — 63
- **C** Wie viel ist 7 mal 6? — 42
- **D** Wie viel ist 2 mal 7? — 14

2a

- **E** Wie viel ist 8 mal 6? — 48
- **F** wie viel ist 9 mal 8? — 72
- **G** Wie viel ist 7 mal 9? — 63
- **H** Wie viel ist 3 mal 8? — 24

2b

- **E** Wie viel ist 7 mal 8? — 56
- **F** Wie viel ist 5 mal 9? — 45
- **G** Wie viel ist 3 mal 6? — 18
- **H** Wie viel ist 8 mal 9? — 27

3a

- **I** Wie viel ist 8 mal 7? — 56
- **J** Wie viel ist 2 mal 8? — 16
- **K** Wie viel ist 9 mal 10? — 90
- **L** Wie viel ist 4 mal 6? — 24

Ende

3b

- **I** Wie viel ist 3 mal 10? — 30
- **J** Wie viel ist 6 mal 9? — 54
- **K** Wie viel ist 2 mal 9? — 18
- **L** Wie viel ist 4 mal 7? — 28

Ende

© Brigg Pädagogik Verlag GmbH, Augsburg

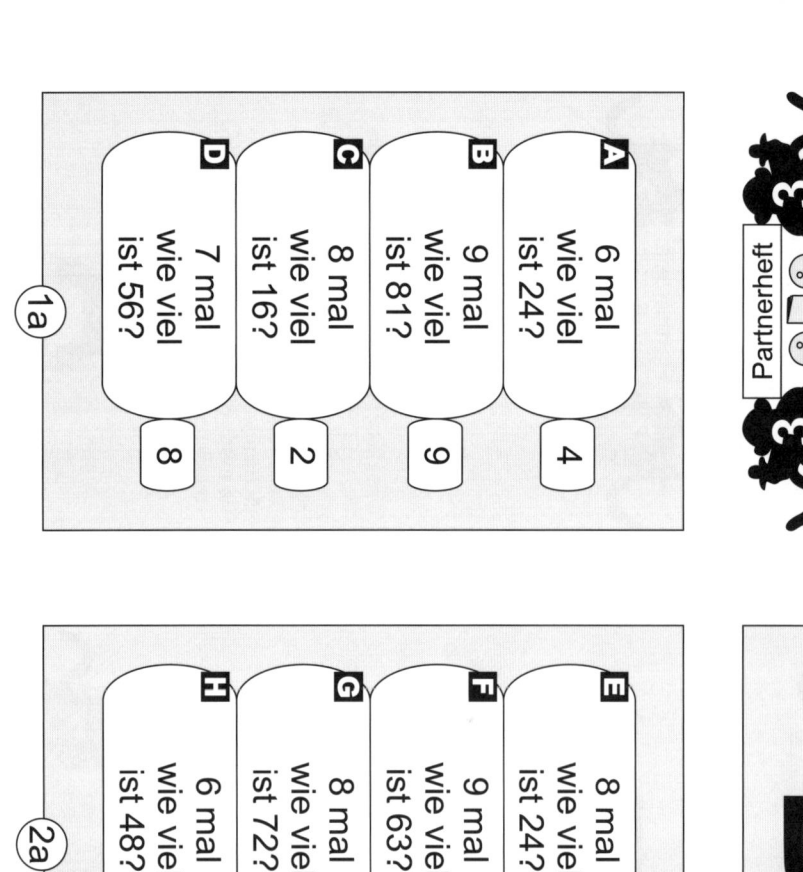

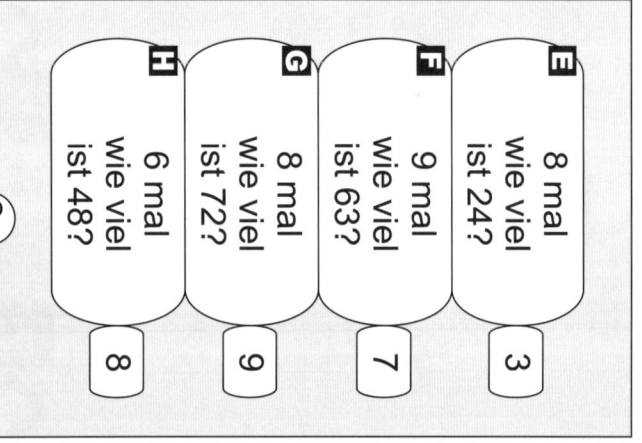

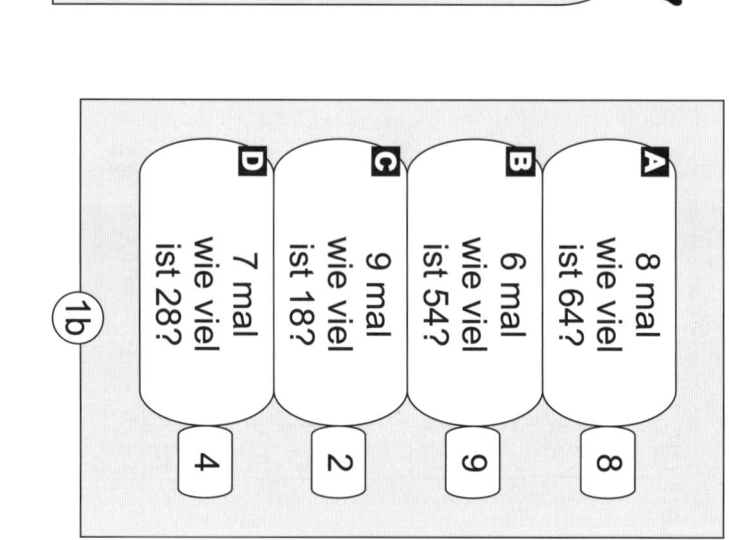

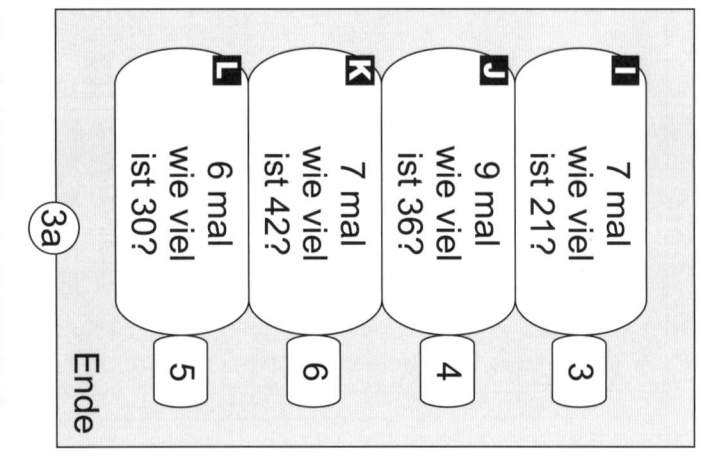

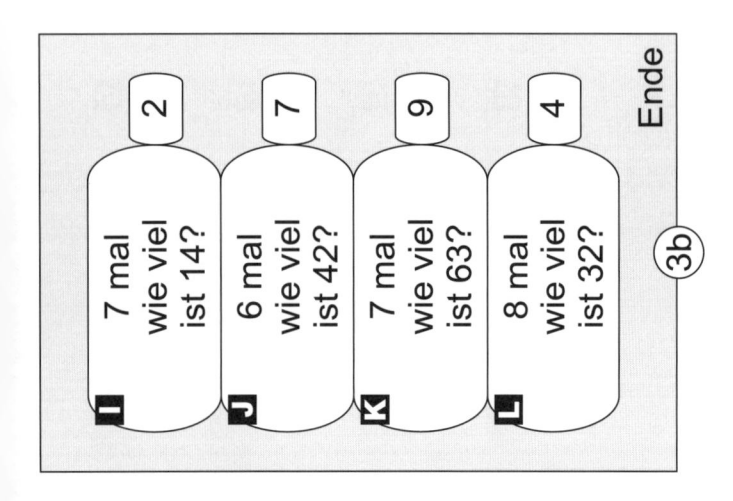

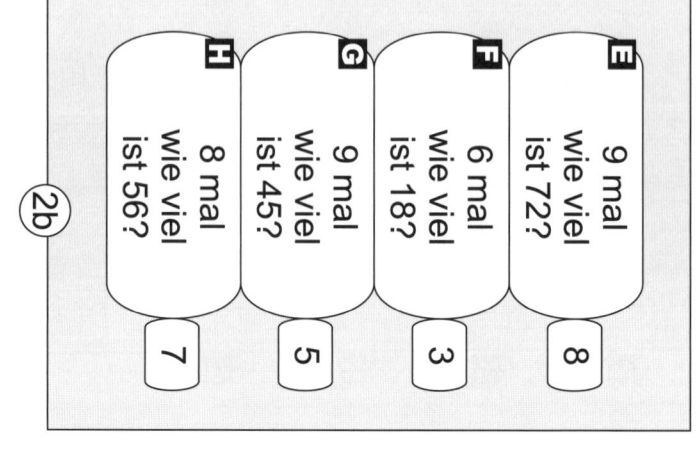

A

Gemischte Einmaleinsaufgaben 2
Heft 3

Lies deinem Partner / deiner Partnerin die zwölf Aufgaben auf den folgenden drei Seiten vor und überprüfe, ob seine / ihre Antworten richtig sind. Drehe anschließend das Heft um und lass dir dann von deinem Partner / deiner Partnerin die anderen zwölf Aufgaben vorlesen.

Partnerheft — Lernen (auch) zu zweit

1a

- **A** 6 mal wie viel ist 24? — 4
- **B** 9 mal wie viel ist 81? — 9
- **C** 8 mal wie viel ist 16? — 2
- **D** 7 mal wie viel ist 56? — 8

2a

- **E** 8 mal wie viel ist 24? — 3
- **F** 9 mal wie viel ist 63? — 7
- **G** 8 mal wie viel ist 72? — 9
- **H** 6 mal wie viel ist 48? — 8

3a

- **I** 7 mal wie viel ist 21? — 3
- **J** 9 mal wie viel ist 36? — 4
- **K** 7 mal wie viel ist 42? — 6
- **L** 6 mal wie viel ist 30? — 5

Ende

B

Gemischte Einmaleinsaufgaben 2
Heft 3

Lies deinem Partner / deiner Partnerin die zwölf Aufgaben auf den folgenden drei Seiten vor und überprüfe, ob seine / ihre Antworten richtig sind. Drehe anschließend das Heft um und lass dir dann von deinem Partner / deiner Partnerin die anderen zwölf Aufgaben vorlesen.

Partnerheft — Lernen (auch) zu zweit

1b

- **A** 8 mal wie viel ist 64? — 8
- **B** 9 mal wie viel ist 54? — 9
- **C** 6 mal wie viel ist 18? — 2
- **D** 7 mal wie viel ist 28? — 4

2b

- **E** 9 mal wie viel ist 72? — 8
- **F** 6 mal wie viel ist 18? — 3
- **G** 9 mal wie viel ist 45? — 5
- **H** 8 mal wie viel ist 56? — 7

3b

- **I** 7 mal wie viel ist 14? — 2
- **J** 6 mal wie viel ist 42? — 7
- **K** 7 mal wie viel ist 63? — 9
- **L** 8 mal wie viel ist 32? — 4

Ende

Michael Junga: Kopfrechnen in Freiarbeit · Übungen zum kleinen 1·1 · Best.Nr. 888

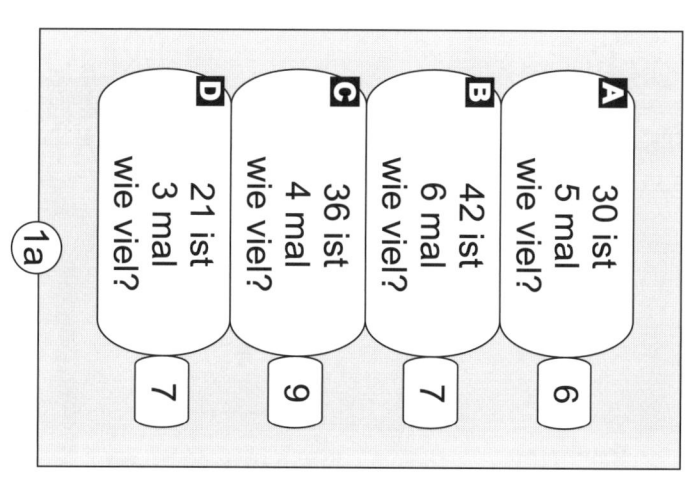

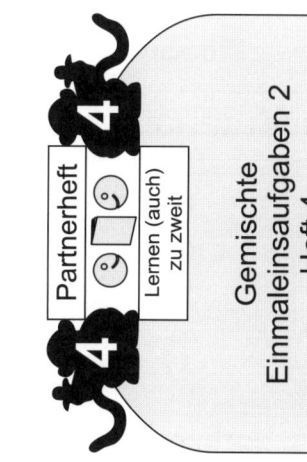

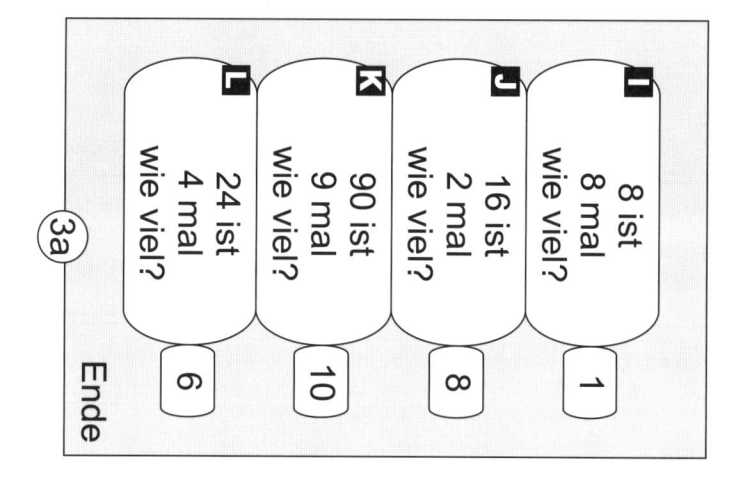

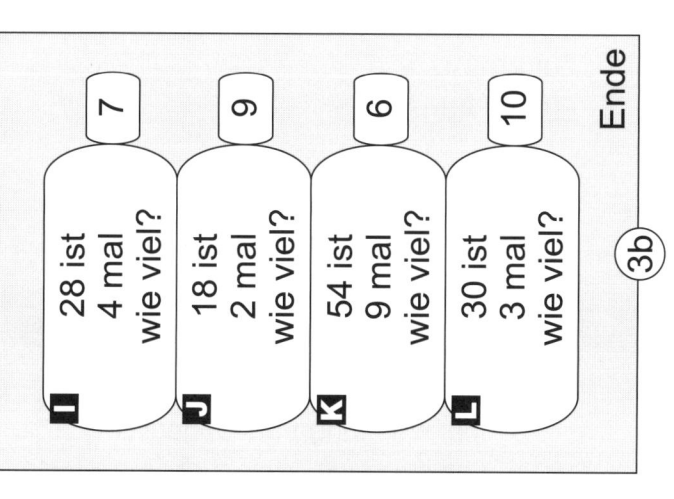

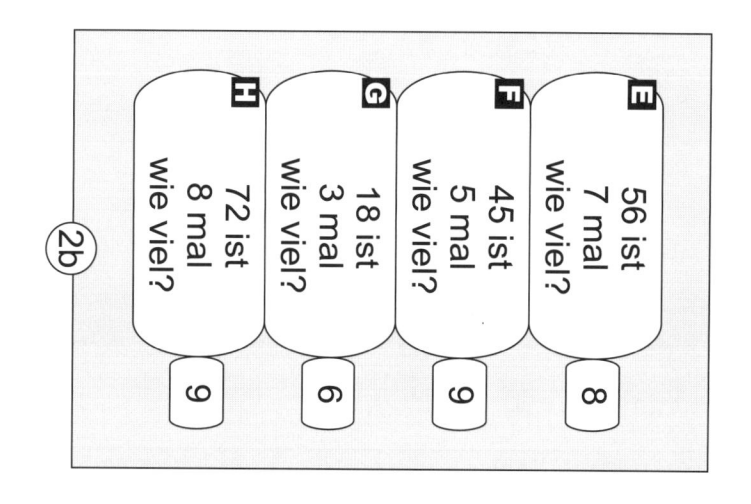

A

Gemischte Einmaleinsaufgaben 2
Heft 4

Lies deinem Partner / deiner Partnerin die zwölf Aufgaben auf den folgenden drei Seiten vor und überprüfe, ob seine / ihre Antworten richtig sind. Drehe anschließend das Heft um und lass dir dann von deinem Partner / deiner Partnerin die anderen zwölf Aufgaben vorlesen.

Partnerheft — Lernen (auch) zu zweit

1a

- **A** 30 ist 5 mal wie viel? — 6
- **B** 42 ist 6 mal wie viel? — 7
- **C** 36 ist 4 mal wie viel? — 9
- **D** 21 ist 3 mal wie viel? — 7

2a

- **E** 56 ist 8 mal wie viel? — 7
- **F** 72 ist 9 mal wie viel? — 8
- **G** 63 ist 7 mal wie viel? — 9
- **H** 24 ist 3 mal wie viel? — 8

3a

- **I** 8 ist 8 mal wie viel? — 1
- **J** 16 ist 2 mal wie viel? — 8
- **K** 90 ist 9 mal wie viel? — 10
- **L** 24 ist 4 mal wie viel? — 6

Ende

B

Gemischte Einmaleinsaufgaben 2
Heft 4

Lies deinem Partner / deiner Partnerin die zwölf Aufgaben auf den folgenden drei Seiten vor und überprüfe, ob seine / ihre Antworten richtig sind. Drehe anschließend das Heft um und lass dir dann von deinem Partner / deiner Partnerin die anderen zwölf Aufgaben vorlesen.

Partnerheft — Lernen (auch) zu zweit

1b

- **A** 32 ist 4 mal wie viel? — 8
- **B** 63 ist 9 mal wie viel? — 7
- **C** 42 ist 7 mal wie viel? — 6
- **D** 14 ist 2 mal wie viel? — 7

2b

- **E** 56 ist 7 mal wie viel? — 8
- **F** 45 ist 5 mal wie viel? — 9
- **G** 18 ist 3 mal wie viel? — 6
- **H** 72 ist 8 mal wie viel? — 9

3b

- **I** 28 ist 4 mal wie viel? — 7
- **J** 18 ist 2 mal wie viel? — 9
- **K** 54 ist 9 mal wie viel? — 6
- **L** 30 ist 3 mal wie viel? — 10

Ende

45

Besser mit Brigg Pädagogik!
Kreative Materialien für Ihren Mathematikunterricht!

Bernd Wehren

Der Einmaleins-Führerschein – Kleines Einmaleins

Verstehen – Üben – Festigen

2./3. Klasse

Buch

88 S., DIN A4, Kopiervorlagen mit Lösungen, 32 Einmaleins-Führerscheine

Best.-Nr. 851

Klassensatz farbiger Führerscheine

8 Bögen mit je 4 Führerscheinen

Best.-Nr. 852

Das Einmaleins gehört zu den wichtigsten Lerninhalten des Mathematikunterrichts. Mithilfe der Kopiervorlagen lernen die Kinder **Schritt für Schritt** das kleine Einmaleins: von der konkreten Bildebene über die ikonische Darstellung in Punkten zur symbolischen Ebene.

Birgit Gailer

Rechnen mit Würfeln

selbsttätig, eigenverantwortlich und differenziert

1. Klasse
80 S., DIN A4, Kopiervorlagen
Best.-Nr. 886

2. Klasse
80 S., DIN A4, Kopiervorlagen
Best.-Nr. 930

Mit Würfelaufgaben mathematische Strukturen anbahnen und Erkenntnisse vertiefen! Diese Bände enthalten Aufgaben mit verschiedenen Würfelformen zu den Themenbereichen Zahlen, Addition, Subtraktion und Einmaleins für die 1. und 2. Klasse. Die Aufgabenblätter, die nach **drei Schwierigkeitsgraden** differenziert sind, schulen die Rechenfertigkeit durch vielfältig gestaltete Übungen. Sie sind direkt für die Partner- oder Gruppenarbeit im Unterricht einsetzbar.

Weitere Infos, Leseproben und Inhaltsverzeichnisse unter
www.brigg-paedagogik.de

Michael Junga

Kopfrechnen in Freiabeit

Übungen zum kleinen 1:1

Für clevere Rechenkinder in der 2. und 3. Klasse

48 S., DIN A4, Kopiervorlagen mit Lösungen

Best.-Nr. 889

Dieser Band enthält **verschieden schwierige Kopfrechenaufgaben,** die die Kinder am besten in **Partnerarbeit** lösen können. Nach einem einfachen Faltplan stellen die Schüler/-innen jeweils vier Partnerhefte selbstständig her. Jedes Heft enthält zwei Aufgabenblöcke mit zehn Einzelaufgaben. Jeweils zwei Kinder fragen sich nacheinander ab. Die Schüler/-innen stärken durch regelmäßiges Training ihre **mathematische Denk- und Kombinationsfähigkeit** sowie ihre **soziale Kompetenz**.

Bestellcoupon

Ja, bitte senden Sie mir/uns mit Rechnung

____ Expl. Best.-Nr. _____

____ Expl. Best.-Nr. _____

____ Expl. Best.-Nr. _____

____ Expl. Best.-Nr. _____

Meine Anschrift lautet:

Name / Vorname

Straße

PLZ / Ort

E-Mail

Datum/Unterschrift   Telefon (für Rückfragen)

Bitte kopieren und einsenden/faxen an:

**Brigg Pädagogik Verlag GmbH
zu Hd. Herrn Franz-Josef Büchler
Zusamstr. 5
86165 Augsburg**

☐ Ja, bitte schicken Sie mir Ihren Gesamtkatalog zu.

Bequem bestellen per Telefon/Fax:
Tel.: 0821/45 54 94-17
Fax: 0821/45 54 94-19
Online: www.brigg-paedagogik.de

Besser mit Brigg Pädagogik!
Gezieltes Training des logischen Denkens bei Kindern!

Michael Junga
Vernetztes Kopfrechnen für Leistungsstarke

Addition und Subtraktion bis 100 mit Selbstkontrolle	Gemischte Übungen zum kleinen 1x1 mit Selbstkontrolle	Addition und Subtraktion bis 1000 mit Selbstkontrolle	Gemischte Übungen zum Zehner-1x1 mit Selbstkontrolle
ab Klasse 2	ab Klasse 2	ab Klasse 3	ab Klasse 3
36 S., DIN A4, Kopiervorlagen mit Lösungen	36 S., DIN A4, Kopiervorlagen mit Lösungen	32 S., DIN A4, Kopiervorlagen mit Lösungen	36 S., DIN A4, Kopiervorlagen mit Lösungen
Best.-Nr. 696	**Best.-Nr. 738**	**Best.-Nr. 808**	**Best.-Nr. 807**

Mit diesen **motivierenden Arbeitsblattsammlungen** sind Sie bestens gerüstet, wenn die sinnvolle Beschäftigung schneller Rechenkünstler gefragt ist. Die Aufgaben in unterschiedlichem Schwierigkeitsniveau sind jeweils so gestaltet, dass die Kinder aus einer Tabelle 12 Kettenaufgaben entwickeln, diese in die leeren Felder schreiben und selbstständig ausrechnen.

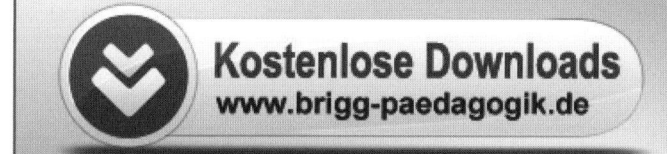

Kostenlose Downloads
www.brigg-paedagogik.de

Auf unserer Startseite:
Wechselnde kostenlose Downloads für Ihre Unterrichtspraxis!

Bestellcoupon

Ja, bitte senden Sie mir / uns mit Rechnung
_____ Expl. Best.-Nr. _____
_____ Expl. Best.-Nr. _____
_____ Expl. Best.-Nr. _____
_____ Expl. Best.-Nr. _____

Meine Anschrift lautet:

Name / Vorname

Straße

PLZ / Ort

E-Mail

Datum/Unterschrift   Telefon (für Rückfragen)

Bitte kopieren und einsenden/faxen an:

Brigg Pädagogik Verlag GmbH
zu Hd. Herrn Franz-Josef Büchler
Zusamstr. 5
86165 Augsburg

☐ Ja, bitte schicken Sie mir Ihren Gesamtkatalog zu.

Bequem bestellen per Telefon / Fax:
Tel.: 0821 / 45 54 94-17
Fax: 0821 / 45 54 94-19
Online: www.brigg-paedagogik.de

Besser mit Brigg Pädagogik!

Abwechslungsreiche Übungen zur Stärkung der Konzentration!

Michael Junga

Intelligente Montagsrätsel

Für fröhliche Rätselkinder in Klasse 2 und 3

92 S., DIN A4, Kopiervorlagen mit Lösungen
Best.-Nr. 697

Für fröhliche Rätselkinder in Klasse 3 und 4

92 S., DIN A4, Kopiervorlagen mit Lösungen
Best.-Nr. 749

Mit dieser **fröhlichen Rätselsammlung** bringen Sie Ihre Schüler am Montagmorgen richtig in Fahrt! Die **anspruchsvollen Knobelaufgaben** sind kein belangloser Zeitvertreib, sondern **effektives Gehirnjogging** zur Förderung der Wahrnehmung, Konzentration, Denk- und Kombinationsfähigkeit. In einem übersichtlichen Inhaltsverzeichnis werden auf einen Blick die Rätselart und der Förderbereich angegeben, sodass der Vorbereitungsaufwand entfällt.

Weitere Infos, Leseproben und Inhaltsverzeichnisse unter
www.brigg-paedagogik.de

Birgit Gailer

Mit Punktebildern das Gehirn trainieren

Arbeitsblätter zur Schulung von Funktionen der Intelligenz

1./2. Klasse	2./3. Klasse	3./4. Klasse
32 S., DIN A4, Kopiervorlagen	32 S., DIN A4, Kopiervorlagen	32 S., DIN A4, Kopiervorlagen
Best.-Nr. 367	**Best.-Nr. 368**	**Best.-Nr. 369**

Neuartiges Trainingsmaterial zur Förderung der Intelligenz und der Konzentration! Die Kinder zeichnen vorgegebene Punktebilder auf einem Punktegitter ganz genau nach. Dabei steigert sich der Schwierigkeitsgrad von Arbeitsblatt zu Arbeitsblatt. Auch Buchstaben und ganze Wörter können im Punktegitter gefunden und gezeichnet werden.

Bestellcoupon

Ja, bitte senden Sie mir/uns mit Rechnung

____ Expl. Best.-Nr. _____

____ Expl. Best.-Nr. _____

____ Expl. Best.-Nr. _____

____ Expl. Best.-Nr. _____

Meine Anschrift lautet:

_____
Name / Vorname

_____
Straße

_____
PLZ / Ort

_____
E-Mail

_____
Datum/Unterschrift   Telefon (für Rückfragen)

Bitte kopieren und einsenden/faxen an:

**Brigg Pädagogik Verlag GmbH
zu Hd. Herrn Franz-Josef Büchler
Zusamstr. 5
86165 Augsburg**

☐ Ja, bitte schicken Sie mir Ihren Gesamtkatalog zu.

Bequem bestellen per Telefon/Fax:
Tel.: 0821/45 54 94-17
Fax: 0821/45 54 94-19
Online: www.brigg-paedagogik.de